쉬운 홈페이지 제작을 위한

구글 사이트 도구

유채곤 著

21세기사

Preface

본서는 이미 출간되었던 저서 〈구글 사이트 도구로 홈페이지 뚝딱 만들기〉의 개정증보판이다. 구글 사이트 도구의 사용자 인터페이스가 업그레이드됨에 따라서 대부분의 설명이 수정되었다. 또한 개정 작업 이상의 중요한 내용들에 대한 가감이 이루어졌고, 특히 사이트 레이아웃 설계에 대한 장을 하나 더 추가하여 실용성을 높였다.

구글 사이트 도구는 홈페이지를 필요로 하는 기업이나 개인에게 매우 유용한 서비스이다. 누구나 쉽게 사용하는 홈페이지는 보이는 겉모습과는 달리 제작 단계는 그리 만만하지 않은 것이 현실이다. 더욱이 중소기업이나 개인과 같이 제작 인력, 기술, 재원이 제한된 경우라면 그 어려움은 더 커진다. 하나의 홈페이지를 제작하고 운영하기 위해서는 홈페이지 설계 작업, 그래픽 작업, 웹 프로그래밍, DB구축, 웹 호스팅, 트래픽 처리, 보안 작업, 사후 유지 관리 등의 복잡한 과정이 따르기 때문이다.

본서에서 소개되는 구글 사이트 도구는 이와 같은 문제점들을 단 번에 해결해준다. 구글 사이트 도구는 구글에서 제공하는 홈페이지 제작 도구로서, 다음과 같은 특징들을 통하여 효율성을 극대화 시켜준다.

1. 편리한 웹기반의 홈페이지 제작 도구가 무료로 제공된다.

2. HTML을 모르는 일반인도 메뉴를 사용하여 쉽게 제작이 가능하다.

3. 워드 프로세서를 사용하듯 내용을 쉽게 편집한다.

4. 웹 호스팅이 무료이며, 서버의 부하와 보안 문제를 걱정할 필요가 없다.

5. 구글 앱스와 연동하여 사진, 비디오, 문서, 스프레드시트, 프리젠테이션, 지도, 일정 등의 고급 웹 서비스를 쉽게 구현할 수 있다.

6. 여러 명이 동시에 편집할 수 있으며, 회사의 인트라넷으로도 사용할 수 있다.

7. 언제 어디서나 내용 수정이 바로 이루어지므로, 사후 유지 및 관리가 편리하다.

8. 이미 많은 사용자, 기업, 정부 기관에서 사용하고 있으므로 안정성이 검증되어 있다.

위와 같은 특징으로 인하여 사용자는 홈페이지 제작과정에 소요되는 시간과 비용을 획기적으로 절약할 수 있으며, 표현하고자 하는 내용에 집중할 수 있다. 특히 무료로 제공되는 웹 호스팅과 웹 분석 도구는 홈페이지의 안정적 운영과 정밀한 사용자 분석을 필요로 하는 기업들에게는 더욱 강점이 된다. 구글 사이트 도구는 단순한 웹 페이지 생성도구가 아닌, 풍부한 웹 기반 응용 소프트웨어들이 통합된 인터넷 미디어 도구라고 할 수 있다.

본서에서는 구글 사이트 도구를 처음 접하는 사용자가 쉽게 사용방법을 이해할 수 있도록 간단한 예제들을 중심으로 순차적인 설명을 진행한다. 기초적인 사용법은 물론 책의 후반부에서는 홈페이지 전문가가 활용할 수 있는 테크닉들에 대한 설명도 함께 제공된다. 용어에 있어서 한 가지 미리 일러둘 점은, 우리나라에서는 웹 사이트라는 용어보다는 흔히 홈페이지라는 용어가 더 많이 통용되므로, 구글 사이트 도구에서 사용되는 웹 사이트라는 명칭을 본서에서는 되도록 홈페이지로 변경하여 설명했다는 점이다. 사실 홈페이지는 웹사이트의 첫 페이지를 의미하는 것이었지만, 우리나라에서는 이 두 가지 용어를 뚜렷하게 구분하고 있지는 않은 상황이다. 또한 웹 사이트를 구성하는 각 문서를 의미하는 용어인 웹 페이지는 홈페이지라는 용어와 의미적 혼란이 있을 수 있으므로 단순히 페이지라는 용어로 사용하였다.

본서를 통하여 누구나 쉽게 홈페이지를 만들고 운영할 수 있기를 희망한다. 본서는 웹과 관련된 업무에 종사하는 개인이나 비즈니스를 운영하는 회사는 물론, 학교의 수업에서도 활용하기에 적절할 것이다. 항상 출판 작업에 협조를 아끼지 않아주신 도서출판21세기사의 이범만대표님과 직원분들께 감사를 드린다. 또한 언제나 집필의 에너지가 되어 주는 아내 경아와 두 딸 정민, 주원과도 출간의 기쁨을 함께 나누고 싶다.

2012년 여름 대덕연구단지에서

저자 유채곤

Contents

구글 사이트 도구 만나보기

홈페이지를 만드는 일은 결코 쉽지 않은 작업이다.

이제 홈페이지는 더 이상 특별한 기술 분야가 아니다. 성인은 물론 초, 중, 고등학교 학생들도 필요한 정보를 위해 손쉽게 이용하는 일상의 잡지책과도 같은 존재가 되었다. 또한 홈페이지는 비즈니스용, 연구용, 개인 미디어용 등의 목적으로 다양하게 사용되고 있다. 하지만 홈페이지의 간단한 사용법과는 달리 홈페이지를 제작하고 운영하기 위해서는 적지 않은 시간, 노력 그리고 비용이 요구된다. 물론 각종 포털 사이트에서 제공하고 있는 블로그 형태의 홈페이지를 떠올리는 독자들도 있겠지만, 블로그는 홈페이지와는 목적과 개념이 다른 기록 위주의 일기장과 같은 형태이므로 모양과 용도가 한정되어 있다. 또한 블로그가 회사의 마케팅 보조 수단으로 사용되는 경우도 많지만, 회사의 메인 홈페이지로 사용하기에는 기능상 부족한 점이 많다.

일반적으로 홈페이지 제작은 드림위버나 포토샵과 같은 소프트웨어를 사용하여 홈페이지의 모양을 만드는 그래픽 디자인 작업, 홈페이지의 기능을 프로그래밍하는 웹 프로그래밍 작업, 제작된 홈페이지 문서들을 인터넷에 서비스하는 웹 호스팅 작업, 홈페이지 자료를 업데이트하는 사후 관리 작업 등으로 이루어진다. 이에 부가적으로 각종 해킹으로부터 웹 서비스를 보호하기 위한 서버 보안 유지 작업까지 생각해보면, 홈페이지의 제작과 운영은 그리 만만한 작업이 아님을 알 수 있다.

대기업과 같이 홈페이지의 제작과 운영에 필요한 비용이 문제가 되지 않는 재정적 환경에서는 홈페이지 제작의 어려움은 문제가 되지 않을 것이다. 하지만 중소기업이나 자영업의 영역에서는 홈페이지에 관련된 업무는 큰 부담일 수 있다. 홈페이지는 회사의 이미지 관리, 정보 제공, 상품 판매 등을 위하여 필수적인 요소이지만 홈페이지 업무만을 위한 전담 인력과 부서를 운영하는 것이 쉽지는 않기 때문이다. 또한 외주를 통한 아웃 소싱을 하는 경우에도 개발 비용은 여전히 문제로 남게 되며, 그 후에 지속되는 운영, 관리와 업데이트 작업 또한 만만치 않은 업무가 된다.

구글 사이트 도구가 회사의 홈페이지 문제를 해결해줄 수 있을까?

구글 사이트 도구는 별도의 프로그램을 사용하지 않고도 온라인 상에서 웹 브라우저를 사용하여 홈페이지를 제작할 수 있도록 해주는 서비스이다. 구글 사이트 도구는 홈페이지 제작 기술에 대한 지식을 가지고 있지 않은 사람이라도 마치 워드 프로세서를 사용하듯이 홈페이지를 만들고 운영할 수 있도록 해준다. 구글 사이트 도구는 일반적인 홈페이지 제작 과정에서 발생하는 어려운 점들을 다음 표와 같이 해결해준다.

<표 1> 구글 사이트 도구의 강점 비교

제작 분야	기존 홈페이지 제작 방법	구글 사이트 도구
홈페이지 디자인	유료, 홈페이지 편집 소프트웨어	무료, 자체 사용자 메뉴
제작 기간	장기 (각 단계의 작업 시간)	단기 (수 시간 ~ 수 일)
홈페이지 제작 비용	유료	무료
웹 호스팅	유료, 용량별 유료 서비스 사용	무료
백업 등 유지 관리	유료, 자체 혹은 외주	무료, 구글에서 담당
콘텐츠 업데이트	유료, 자체 혹은 외주	무료, 메뉴를 통해 간단히 업데이트
보안 및 서버 보호	유료, 자체 혹은 외주	무료, 구글에서 담당
지도 등 부가 기능	유료, 자체 혹은 외주	무료, 구글 앱스로 해결

구글 사이트 도구에서는 다양한 홈페이지 테마를 기본적으로 제공하므로 홈페이지 디자인에 소요되는 많은 수고를 덜어준다. 또한 페이지 템플릿과 가젯이라는 풍부한 기능들을 함께 제공하기 때문에 웹프로그래밍을 직접 하지 않고도 다양한 홈페이지 기능을 구현할 수 있다.

웹 서비스에서 발생할 수 있는 가장 큰 위험요소는 수 많은 사용자를 감당할 수 있는 서버의 트래픽 처리 능력이다. 구글 사이트 도구를 사용하면 전 세계에 걸쳐 안정적인 서비스를 제공하고 있는 구글 서버들이 트래픽에 대한 걱정을 해결해준다. 또한 구글 자체에서 해킹 등의 위험요소를 원천적으로 차단해주고 있기 때문에 보안에 대한 고민도 한꺼번에 해결된다. 이런 안정적인 요소를 제공하면서도 무료인 구글의 웹 호스팅은 매우 매력적인 서비스가 아닐 수 없다.

이런 기본적인 기능 이외에도 구글 사이트 도구는 구글 Analytics라는 강력한 웹 분석 서비스와도 쉽게 연계된다. 구글 Analytics를 사용하면 사이트 방문자에 대한 다양한 통계를 쉽게 얻을 수 있다. 구글 Analytics의 기능은 대기업의 홈페이지 분석 시스템을 능가하면서도 무료로 제공된다. 이 외에도 구글 앱스(Google Apps)의 강력한 기능들은 구글 사이트 도구와 쉽게 연동되어, 홈페이지의 기능을 배가시켜준다.

구글 사이트 도구를 적용할 수 있는 분야는?

독자 여러분이 몇 가지 상황에 처해 있다고 가정해보자. 예를 들어 자영업을 하거나 매우 규모가 작은 회사를 운영하는 경우가 있을 것이다. 이제는 회사의 규모와는 관계없이 홈페이지는 필수인 시대가 되었다. 규모가 작은 회사의 경우 예산문제로 인하여 홈페이지를 제작하고 지속적으로 운영하기가 부담이 될 수도 있다. 이런 경우 구글 사이트 도구를 활용한 홈페이지 제작은 재정과 인력적인 면에서 큰 도움이 된다.

그렇다면 이보다 규모가 조금 더 큰 중소기업이나 중대기업 규모의 회사들과 구글 사이트 도구는 별 상관이 없을까? 오히려 더 구글 사이트 도구를 필요로 할 수 있다. 구글 사이트 도구는 홈페이지 이상의 업무 지원 기능을 가지고 있기 때문이다. 최근의 화두로 떠오르고 있는 클라우드 컴퓨팅(자료를 인터넷 상에 분산 보관하는 방식)의 실용화는 구글 앱스(구글이 제공하는 온라인 소프트웨어들)로부터 시작되었듯이, 구글 사이트 도구는 사원들간의 효과적인 협업을 비롯하여 구글 앱스와 결합을 통한 강력한 클라우드 데이터를 사용할 수 있도록 해주기 때문이다. 이미 많은 대 기업들에서도 구글 사이트 도구를 사용하고 있다. 이 글을 쓰고 있는 2012년 여름을 기준으로 구글에서는 내셔널지오그래픽사를 포함하여 이미 4백만개 이상의 기업이 구글 앱스(사이트 도구 및 기타 응용서비스 포함)를 사용 중이라고 안내하고 있다. 또한 캘리포니아에 위치한 유명 대학인 UC 버클리도 2011년 gmail과 구글 앱스를 학교 업무용 시스템으로 도입하기도 하였다.

회사와 같은 비즈니스 목적 이외에도 많은 개인들이 다양한 목적으로 구글 사이트 도구를 사용하고 있다. 초, 중, 고 대학교의 수업용 홈페이지, 음악 밴드들의 앨범 소개 홈페이지, 각종 비영리기관의 기관 소개 홈페이지, 중고등학교의 학급 안내 홈페이지, 가족들의 추억을 나누기 위한 가족 홈페이지 등을 그 예로 들 수 있다. 최근에는 각종 대학원 연구실의 연구 정보 교환용으로도 각광을 받고 있다.

구글 사이트 도구와 기업용 홈페이지

구글 사이트 도구를 사용하여 얻을 수 있는 가장 큰 이점은 무료이며, 안정적이고, HTML등의 홈페이지 지식을 몰라도 홈페이지 제작이 가능하다는 점이다. 또한 제작 및 운영 비용에 대한 걱정이 없고 홈페이지 전문가를 이미 보유하고 있는 일정 규모 이상의 기업들에게도 구글 사이트 도구는 도움이 된다. 홈페이지 운영에 대한 비용이 전혀 문제가 되지 않는 규모의 기업인 경우에도 기존의 전통적인 홈페이지는 그대로 유지하면서, 협업을 위한 내부 인트라넷용으로 구글 사이트 도구를 사용할 수 있다.

구글 사이트 도구는 단순히 홈페이지의 생성관리만을 목적으로 하지 않고, 다양한 구글 앱스 응용프로그램과 결합하여, 프로젝트, 문서, 스프레드시트, 메일, 비디오 등의 다양한 자료를 직원 누구나 손쉽게 처리할 수 있도록 지원한다. 이런 광범위한 지원을 무료로 (혹은 고급형의 경우라도 매우 적은 비용)으로 받을 수 있다는 점은 회사의 비용 절감과 운영 효율면에서 큰 이점이 된다. 미국의 워싱턴 D.C.와 같은 정부 기관도 구글 앱스를 업무용으로 사용하기로 결정한 것을 보면 그 유용성과 신뢰성이 높음을 알 수 있다.

구글 사이트 도구로 회사용 홈페이지를 만든 경우들을 살펴보자. [그림 1]은 구글 사이트 네트워크 솔루션이나 구글 앱스 제품군을 다루는 NETKILLER America사의 홈페이지이다. 구글 사이트 도구를 사용해도 일반적인 홈페이지들의 외형과 큰 차이 없이 기업용 홈페이지 디자인이 가능하다는 점을 알 수 있다.

[그림 1] NETKILLER America 사의 홈페이지

[그림 2] 레스토랑용 홈페이지

[그림 2]는 이탈리안 레스토랑용 홈페이지의 예이다. 대형 레스토랑 체인점이 아닌 경우에는 운영 인력이 소규모이며, 홈페이지를 전문적으로 제작할 수 있는 직원을 두기도 어렵기 때문에 레스토랑을 소개하는 홈페이지를 제작하여 운영하는 일이 쉽지 않을 것이다. 하지만 이제는 인터넷의 대중화와 더불어 대부분의 소비자들은 자신들의 행동을 결정하기 전에 인터넷을 통하여 정보를 확인하는 일이 습관처럼 되었다. 따라서 레스토랑의 규모와 관계없이 레스토랑에 관련된 메뉴 소개, 예약 정보 등은 레스토랑 홈페이지의 필수 사항이라고 할 수 있다. [그림 2]는 구글 사이트 도구를 이용하면 1분 이내에 자신의 홈페이지에 적용할 수 있는 디자인 템플릿 중의 하나이다. (템플릿에 대해서는 차후에 설명된다.) 고급스러운 디자인과 함께 자세하게 레스토랑을 소개할 수 있다. 여기에 주방장이나 오너의 비디오까지 삽입이 된다면 비즈니스의 성공을 위해서는 더 없이 유익한 홈페이지가 될 것이다.

구글 사이트 도구는 웹 페이지에서 제공하는 사용자 메뉴를 사용하여 홈페이지를 생성하는 방식이기 때문에, 드림 위버와 같은 홈페이지 전용 소프트웨어를 사용하는 경우보다는 디자인 자유도가 높지 않은 면은 있지만 응용능력에 따라서는 다양한 디자인을 연출할 수 있다. [그림 3]과 [그림 4]는 KirksVilleWebDesign사에서 구글 사이트 도구를 사용하여 구성한 홈페이지 디자인 시안들이다. 일반적으로 인터넷 상에서 만날 수 있는 홈페이지 디자인들과 그리 다르지 않으며, 획기적인 형태의 디자인의 구현도 문제가 없다는 점을 볼 수 있다.

[그림 3] KirksVilleWebDesign사의 디자인 1

[그림 4] KirksVilleWebDesign사의 디자인 2

[그림 5]는 클라우드 시스템에 대한 솔루션을 제공하는 Aeegle이라는 회사의 홈페이지이다. 구글 앱스에 관련된 사업을 하는 회사이다 보니 회사의 홈페이지 역시 구글 사이트 도구를 사용하여 제작되었다. 실제 이 홈페이지를 방문해보면 중앙의 메인 이미지가 자동으로 주기적으로 자연스럽게 변경되는 효과를 보여주는데, 이는 별도의 플래시 작업이나 앨범을 구현하지 않고도 구글 사이트 도구에서 제공하는 수 많은 가젯 중의 하나를 사용하여 간단하게 제작된 것이다. (가젯에 대해서도 차후에 설명된다.) 한편 이미 제작된 플래시를 사용하고자 하는 경우에도 문제없이 구글 사이트 홈페이지에 삽입이 가능하다. Aeegle사와 같이 구글 앱스와 관련된 회사들은 홈페이지를 구

[그림 5] Aeegle.com사 홈페이지

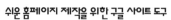

글 사이트 도구로 제작하고 있는데 그 형태가 기업형 홈페이지로 사용하기에
자연스러운 모양으로 발전되고 있다.

[그림 6]은 신용정보 처리를 업무로 하는 비영리 단체의 홈페이지이다. 디
자인적인 부분보다는 업무에 대한 메뉴를 체계적으로 정리한 형태를 취하고
있다. 헤더 영역과 메인 페이지 부분의 디자인 요소 외에는 구글 사이트 도구
에서 제공하는 기본 메뉴를 사용하여 홈페이지가 구성되었다. 그러므로 이
런 형태의 홈페이지의 메뉴와 페이지를 구성하는 일은 구글 사이트 도구를
사용하면 노력과 시간을 대폭 줄일 수 있다. 홈페이지의 메뉴나 문서 내용에
대하여 사후 관리를 할 때도 짧은 시간 내에 편리하게 할 수 있는 장점을 가진

[그림 6] Credit Detailer 홈페이지

다. 제작 과정이 간단함에도 불구하고, [그림 6]의 홈페이지 모습은 필요한 구
성을 모두 갖추고 있다.

[그림 7]은 프랑스의 PlusCom사의 홈페이지이다. 전체 배경 이미지를 사
용하여 홈페이지의 분위기를 연출하고 있다. 반면 페이지의 내용 부분은 구
글 사이트 도구의 기본 기능을 사용하여 손쉽게 구성하였다. 한편 운영하고
자 하는 비즈니스 홈페이지가 내용을 자주 업데이트하는 경우 구글 사이트
도구는 더욱 위력을 발휘한다. 구글 사이트 도구로 홈페이지의 내용을 관리
하는 과정은 마치 워드 프로세서를 사용하는 정도로 매우 쉬운 메뉴 방식으
로 되어 있기 때문이다.

[그림 7] PlusCom사 홈페이지

[그림 8] Dinky Joys Group 홈페이지

[그림 8]은 Dinky Jous Group이라는 음악 밴드를 소개하는 홈페이지이다. 이 홈페이지도 페이지 배경 이미지를 조절하여 전체적인 분위기를 구성하고 있다. 페이지 내의 내용은 구글 사이트 도구에서 제공하는 기본 편집 형태를 띄고 있는 만큼, 업데이트나 페이지 추가 작업은 매우 간단하게 이루어진다. 앞에서 살펴본 홈페이지들과 비교에서 특이한 점은 페이지 중간에 음악을 감상할 수 있는 도구가 있다는 점이다. 구글 사이트 도구에서도 이런 음악 플레이 기능은 물론 다양한 비디오 플레이어를 페이지에 삽입할 수 있다. 특히 YouTube와 같이 구글에서 운영하는 콘텐츠의 경우에는 메뉴의 삽입 기능을 사용하여 손쉽게 삽입할 수 있다. 이렇듯 구글 사이트 도구는 멀티미디어 기능도 편리하게 지원한다.

구글 사이트 도구 사용해보기

구글 사이트 도구로 홈페이지를 제작하는 작업은 기존 방식의 홈페이지를 제작하고 운영하는 노력과 비용에 비하면 거의 zero에 가깝다. 특히 트래픽 문제를 해결해주고 해킹이나 바이러스를 원천적으로 차단해주는 무료 웹호스팅은 정말 매력적이다. 구글 앱스와 결합하여 사용할 경우 구글 사이트 도구의 생산성과 효율성은 매우 높아진다. 누구나 본서의 안내를 따라서 구글 사이트 도구로 자신의 홈페이지나 회사의 홈페이지를 무료로 쉽게 만들 수 있다. 특히 작은 규모의 회사나 자영업을 하고 있는 경우라면 구글 사이트 도구는 최상의 선택이 될 것이다.

기본적인 기능에 충실한 실용성 위주의 홈페이지를 빠른 시간 안에 제작하기를 원하는 독자들은 5장까지의 내용만으로도 충분히 목적을 달성할 수 있다. 6장부터 9장까지에서는 홈페이지의 기능을 확장시키는 고급 테크닉들이 소개된다. 본서에서는 2012년 6월을 기준으로 구글 사이트 도구에서 제공하고 있는 기능들을 설명한다. 향후 변경 사항이나 추가 정보들은 구글 사이트 도구에 로그인한 후 하단의 '도움말 센터'를 클릭하면 얻을 수 있다.

꼭 읽어보기! 구글 사이트 도구의 사용자 인터페이스 변경

본서에서는 2012년 6월말을 기준으로 구글 사이트 도구의 사용자 인터페이스가 설명된다. 향후 구글에서는 사용자 인터페이스에 대한 디자인을 변경할 수도 있다. 구글 사이트 도구의 사용자 인터페이스의 디자인은 변경되더라도, 일반적으로 메뉴의 위치 및 기능은 이전 것과 거의 동일하게 유지된다. 그러므로, 일부 메뉴 변화만 확인한다면 본서의 내용 적용에 큰 문제는 없을 것이다.

구글 사이트 도구 등록 및
기본 메뉴

구글 사이트 도구에 등록하기

구글 사이트 도구는 http://sites.google.com 주소로 접속한다. 이 사이트를 방문하면 [그림 9]와 같은 첫 화면이 나온다. 로그인하기 위해서는 계정이 필요한데 두 가지 방법이 있다. 첫 번째는 '사이트 도구 가입하기'를 누르고 기존에 가지고 있던 자신의 이메일 주소를 구글 사이트 도구의 아이디로 사용하는 방법이다. 두 번째 방법은 이미 gmail과 같은 구글 서비스를 사용하면서 기존에 등록해 놓은 아이디가 있으면 그 아이디를 사용하는 방법이 있다. 추천하는 방법은 두 번째 방법이다. 구글 사이트 도구의 기능을 최대한 활용하기 위해서는 구글 앱스(사진, 동영상, 문서, 발표자료 등)와 연동을 해야 하는데, 매번 별도의 아이디를 만드는 것보다는 하나의 구글 아이디로 통합을 해 놓는 것이 훨씬 간편하기 때문이다. 구글에 등록해본 경험이 없다면 gmail과 같은 메일 서비스에 먼저 가입한 후, 그 아이디로 구글 사이트 도구를 사용할 것을 권한다.

만약 윈도우에 설치되어 있는 웹 브라우저가 인터넷 익스플로러 버전 6 혹은 이전의 버전이라면 구글 사이트 도구에서 편집 기능을 지원하지 않는 버전이므로, 인터넷 익스플로러 버전 6 이후 버전으로 업그레이드를 하거나, 파이어 폭스나 크롬과 같은 웹 브라우저를 설치하여 사용할 것을 권한다. 물론 독자 여러분들이 파이어 폭스나 크롬에서 구글 사이트 도구로 홈페이지를 만들더라도, 일반 사용자들이 여러분의 홈페이지를 방문할 때는 웹브라우저

의 종류는 문제가 되지 않으니, 홈페이지의 호환성에 대하여 염려를 할 필요
는 없다. 파이어 폭스나 크롬 웹 브라우저는 다음 주소에서 무료로 다운받아
설치할 수 있다.

- **파이어폭스 다운로드** : http://www.mozilla.or.kr/ko
- **크롬 다운로드** : http://www.google.com/chrome

[그림 9] 구글 사이트 도구 화면

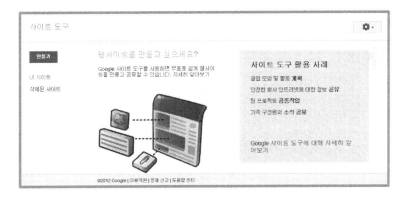

[그림 10] 로그인 후 첫 화면

29

구글 사이트 도구에 처음 등록한 경우 로그인을 하고 나면 [그림 10]과 같은 화면을 볼 수 있다. 구글 사이트 도구에서는 하나의 아이디로 만들 수 있는 홈 페이지의 개수에 제한이 없다. 즉, 자신의 회사를 위한 홈페이지, 가족 모임을 위한 홈페이지, 취미 생활을 위한 홈페이지 등을 하나의 계정을 사용하여 별도로 각각 관리할 수 있다. 구글 사이트 도구를 처음으로 사용하는 경우에는 [그림 10]과 같은 화면이 나오지만, 홈페이지를 이미 하나 이상 생성해 놓은 경우라면 그 홈페이지들의 목록이 나타난다.

구글 사이트 도구 전체를 이해하기 위해서는 메뉴 사용방법, 디자인 방법, 구글 앱스와의 연동 방법 등 여러 분야에 걸친 설명이 필요하지만, 디자인 등 부수적인 부분에 대한 설명은 차후로 미루고, 본 장에서는 하나의 홈페이지를 생성하고 관리하는 가장 기본적인 흐름이 먼저 설명된다.

첫 홈페이지를 만들어보자

새로운 홈페이지를 생성하기 위해서는 좌측에 있는 '만들기' 버튼을 누른다. [그림 10]의 화면에서 '만들기' 버튼을 누르면 [그림 11]의 화면이 나타나는데, 이 화면에서는 생성할 홈페이지의 명칭, 템플릿, 테마 등을 선택하게 된다. 템플릿과 테마는 구글 사이트 도구에서 홈페이지의 디자인을 결정하는 중요한 요소이지만, 이에 대한 자세한 설명은 뒤로 미루고 홈페이지 생성을 위한 가장 기본이 되는 흐름을 먼저 보기로 한다.

[그림 11] 사이트 만들기 첫 화면

[그림 11]의 화면에서 다음 사항들을 입력한다.

- **사이트 이름** : 만들고자 하는 홈페이지 이름을 입력한다. 한글이나 영문 모두 가능하다. 이 이름을 기반으로 다음 줄에 있는 사이트 URL이 자동으로 생성된다.

- **사이트 위치** : 위에서 입력한 사이트 이름을 기반으로 구글 사이트 도구에서 자동으로 URL(인터넷 상에서의 위치) 이름을 생성해준다. 이 URL이 마음에 들지 않는 경우 직접 입력하여 변경할 수 있다. URL은 영문으로만 구성되도록 한다. 본 서에서는 URL 이름을 'booksample2012'로 설정하였다. 이 URL은 구글 사이트 도구를 사용하는 사용자간에 동일한 것이 있어서는 안 되므로, 유일한 이름을 만들어야만 한다. 만약 다른 사

용자와 중복되는 경우 중복 안내 메시지가 나타난다. booksample2012
는 이미 본서에서 사용하고 있으므로, 독자 여러분들은 각자 자신의 고
유한 이름을 만들어 사용해야 한다.

- **테마 선택** : 본 장에서는 기본형으로 진행하므로 별도의 선택을 하지 않
  는다.

- **옵션 더보기** : 본 장에서는 기본형으로 진행하므로 별도의 선택을 하지
  않는다.

- **표시된 코드 입력** : 해커들에 의한 대량 자동 등록 등을 방지하기 위한 장
  치이다. 주어진 알파벳을 빈 칸에 입력한다.

위 내용의 입력을 마친 후 상단의 '만들기' 버튼을 클릭하면 입력한 내용의
홈페이지가 자동으로 생성된다. 홈페이지가 생성되고 나면 [그림 12]와 같은
화면이 나타난다. 이 화면에서 홈페이지의 디자인, 메뉴, 페이지 내용 등을
수정하게 된다. 로그인된 상태에서는 웹브라우저에서 이 홈페이지의 URL
(예 : http://sites.google.com/site/booksample2012)을 입력하면 현재와
같은 홈페이지 편집화면으로 이동하게 된다. 이렇게 생성된 홈페이지를 일
반 사용자들이 접속할 때의 모습을 보기 위하여 우측 상단의 삼각형 모양 버
튼의 하위 메뉴 '로그아웃' 을 눌러서 로그아웃 하도록 한다.

[그림 12] 사이트를 만든 후 나타나는 화면

자신이 만든 홈페이지를 방문해보자

로그아웃을 한 상태에서 웹 브라우저의 주소 창에 자신이 만든 홈페이지의 URL(예 : 'http://sites.google.com/site/booksample2012'를 입력하면 [그림 13]과 같은 화면이 나타난다. 즉 여러분이 생성한 홈페이지를 일반 사용자들이 접근할 때는 'http://sites.google.com/site/booksample2012'과 같은 주소를 사용한다.(독자 여러분은 자신의 홈페이지 주소를 입력하도록 한다.)

이 주소가 너무 길어서 다른 사람들에게 알려주기도 힘들고, 주소 창에 입력하기도 힘들다고 생각이 될 것이다. 그래서 이 주소를 그대로 사용하기 보다는 별도의 도메인 네임을 등록한 후 그 도메인을 입력하면 위의 홈페이지로 이동이 되도록 하는 방법을 사용한다. 구글 사이트 도구에서 제작된 홈페이지도 도메인 네임을 연결해서 사용할 수 있다. 도메인 네임과 연결하는 방법은 본서의 후반부에서 자세히 설명될 것이다.

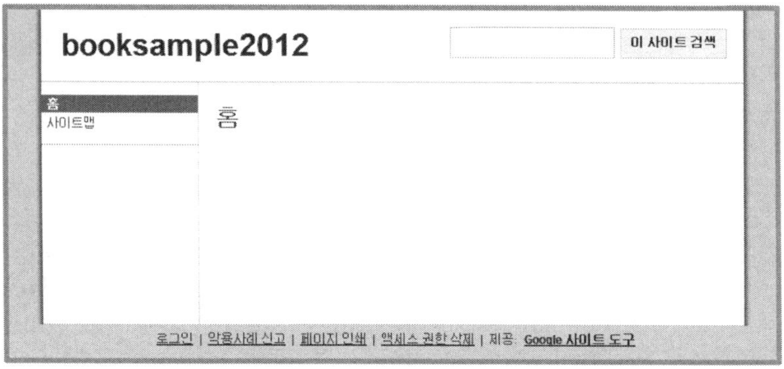

booksample2012 이 사이트 검색

홈
사이트맵

홈

로그인 | 악용사례 신고 | 페이지 인쇄 | 액세스 권한 삭제 | 제공 Google 사이트 도구

[그림 13] 생성된 홈페이지를 일반 사용자가 방문한 화면

다시 홈페이지 편집 화면으로 이동하기

이제 다시 구글 사이트 도구에 로그인해서 앞에서 생성한 홈페이지를 편집하는 방법을 알아보자. 웹 브라우저 주소 창에서 http://sites.google.com 으로 이동한 후 로그인한다. 생성된 홈페이지가 전혀 없었을 때와 달리 이제는 독자 여러분이 생성한 홈페이지가 하나 존재하기 때문에 [그림 14]와 같이 생성된 홈페이지 목록이 화면에 나타난다. 만약 2개 이상의 홈페이지를 만들었다면 각 홈페이지가 모두 나타난다. 홈페이지 목록 중 자신이 편집하고자 하는 홈페이지 이름을 클릭한다.

이 과정을 거치면 다시 [그림 15]와 같이 홈페이지 화면으로 이동된다. 이 화면에서 홈페이지에 자료를 입력하고, 홈페이지의 디자인을 바꾸고, 홈페이지의 메뉴 구성하는 등의 수정하는 작업을 할 수 있다.

[그림 14] 사이트 목록

[그림 15] 홈페이지 편집 화면

페이지 내용 수정 및 저장 버튼

현재 생성된 홈페이지는 '홈'이라는 페이지 하나로 구성되어 있다. [그림 15]의 좌측의 메뉴를 보면 현재 '홈'이 선택되어 있는 것을 볼 수 있다. 우측의 내용 영역에는 페이지 제목만 나올 뿐 내용이 비어 있는 페이지가 보인다. 이제 이 페이지의 공백 부분에 내용을 채워 넣는 방법을 알아보자. 우측 상단에 연필 모양을 하고 있는 ✏ 버튼을 누르면 현재 화면에 나타나 있는 페이지를 수정할 수 있는 편집 모드로 변경된다. 현재 화면에 보이는 페이지는 '홈' 이라는 이름의 페이지이다. 이 페이지 이름 역시 차후 변경할 수 있으나, 일단 홈이라는 이름으로 사용하도록 한다. [그림 16]은 페이지 편집 상태로 전환된 화면을 보여준다.

페이지 편집 화면에서는 본문 영역의 내용을 입력할 수 있다. 이 영역에는 일반적인 웹 페이지에서 사용되는 텍스트, 이미지, 링크, 표 등의 모든 입력이 가능하다. 또한 HTML 언어를 모르더라도 마치 워드 프로세서를 사용하듯이 쉽게 내용을 입력할 수 있다. 예를 들어 입력된 텍스트를 선택한 후 상단에 제공되는 포맷 메뉴를 사용하여 텍스트의 크기, 폰트, 색상 등을 쉽게 변경할 수 있다. 현재 화면의 본문 영역에는 예시로 약간의 텍스트가 입력되어 있다. 입력을 끝낸 후에는 우측 상단에 있는 '저장' 버튼을 누르면 페이지의 내용이 저장된다. 페이지에 입력하거나 변경한 내용을 취소하고 싶으면 우측 상단의 '취소' 버튼을 누르면 된다.

저장 버튼을 누른 후에는 다시 메뉴가 [그림 17]과 같이 변경된다. 우측 상단의 '추가 작업' 버튼을 누르면 그에 따른 하위 메뉴들이 나타나는데, 이 중 '뷰어 권한으로 페이지 미리보기' 메뉴를 선택하면 별도로 로그아웃 후 재접속을 하지 않고도, 일반 사용자 입장에서 현재 페이지를 미리 볼 수 있는 화면이 나타나며 이를 통해 결과를 확인해볼 수 있다.

[그림 16] 페이지 편집 화면

[그림 17] 저장 후의 화면

홈페이지 관리 정보 변경하기

지금까지 홈페이지를 처음 생성하고, 문서의 내용을 변경하고, 결과를 확인해보는 홈페이지 생성에 따른 가장 기초적인 흐름을 살펴보았다. 이와 더불어 구글 사이트 도구에서는 홈페이지의 다양한 특성들을 설정하고 변경할 수 있는 메뉴들을 제공하고 있다. 홈페이지의 특성을 설정하기 위해서는 [그림 17]의 우측 상단에 나타난 '추가 작업' 메뉴의 하위 메뉴들 중 '사이트 관리'라는 메뉴를 선택한다. 이 메뉴를 선택하면 웹 페이지의 내용이 보이는 현재

[그림 18] 사이트 관리 화면

의 화면에서 관리용 화면으로 전환되며 그 모습은 [그림 18]과 같다. 화면의 좌측을 보면 다양한 설정 메뉴가 나타나는데 본 섹션에서 살펴볼 중요한 설정 사항은 '일반' 메뉴와 '공유 및 권한' 메뉴에 대한 내용이다. [그림 18]과 같이 사이트 관리 화면으로 이동하면 관리 메뉴들 중 가장 중요한 '일반' 메뉴가 기본적으로 선택되어져 있다.

[그림 19]의 화면에 나타난 '일반' 화면의 설정 사항들을 항목별로 알아본다.

- **사이트 이름** : 홈페이지 상단의 로고 영역에 표시되는 이름이다. 원하는 이름으로 변경할 수 있다. '사이트 이름을 상단에 표시' 선택 사항을 꺼 놓으면 홈페이지에 표시되지 않는다. 상단에 표시되는 사이트 이름의 폰트 모양이 그다지 보기 좋은 편이 아니기 때문에, 일반적으로 이 기능을 꺼 놓고 직접 로고나 헤더 이미지를 만들어서 사용하는 경우가 많다. 모양에 신경 쓰지 않고 내용 위주의 실용적인 홈페이지를 운영하고자 하는 경우에는 사이트 이름 표시 기능을 그대로 사용해도 좋다.

- **사이트 설명** : 사이트에 대한 설명을 기록한다. 물론 필수 사항은 아니지만 구글이나 야후와 같은 검색 사이트의 검색 엔진이 자신의 사이트를 잘 검색해가도록 하려면, 홈 페이지에 대한 효과적인 설명을 입력해 놓는 것이 유리하다.

- **성인 콘텐츠** : 성인 콘텐츠가 표시되어 있는 지를 체크한다. 물론 불법적인 내용은 구글에 의하여 원천적으로 등록이 금지되지만, 불법적인 정도

까지는 아니더라도 성인 위주의 콘텐츠가 게시되는 경우 이를 표시해 놓으면, 사이트 접근 시 구글은 이를 인지하라는 간단한 경고를 준다.

- **방문 페이지** : 하나의 홈 페이지는 여러 개의 페이지로 구성된다. 여러 개의 페이지 중 사용자가 자신의 홈페이지를 방문했을 때 처음으로 보여지기를 원하는 페이지를 선택하는 항목이다. 페이지에 대한 수정, 삭제, 추가 작업을 하다보면 홈페이지의 첫 화면에 나타나는 페이지를 혼동할 수 있으므로, 이 항목을 잘 기억해둘 필요가 있다.

- **사이트 복사, 이 사이트를 템플릿으로 게시, 사이트 삭제** : 먼저 가장 뒤에 있는 '사이트 삭제'를 선택하면 현재 작업 중인 사이트 전체를 삭제할 수 있다. '사이트 복사'를 선택하면 현재 작업 중인 홈페이지 전체에 대한 복사본을 만들 수 있다. 보통 현재 홈페이지를 백업용으로 두고 새로운 업데이트를 진행할 때나 유사한 홈페이지를 하나 더 만들 때 사용할 수 있다. '이 사이트를 템플릿으로 게시' 기능은 자신이 완성한 홈페이지의 모양이나 기능을 다른 사람들도 편리하게 사용할 수 있도록 공개할 때 사용한다. 이 기능을 실행하면 다른 사람들이 여러분의 사이트와 동일한 모양을 아주 쉽게 만들 수 있다. 이 기능을 통해 명시적으로 공개하지 않는 한 여러분이 만든 사이트 템플릿이 공개되지는 않는다.

- **통계** : 홈페이지를 방문하는 사용자들의 트래픽을 분석할 수 있는 강력한 통계 기능을 활용할 수 있는 항목이다. 이 항목은 구글 Analytics라는 서비스를 사용하는 경우 체크하는데 구글 Analytics 사용에 대해서는 향

후에 자세히 다룬다. 구글 Analytics는 기업에서 사용하는 수준의 고급 트래픽 분석 정보를 무료로 제공하기 때문에 자신의 홈 페이지가 비즈니스에 활용되는 경우, 활용도는 매우 높을 것이다.

- **Google 웹마스터 도구 확인** : 구글의 웹마스터 도구를 사용하기 위한 항목이다. 구글 웹 마스터 도구란 자신이 만든 홈페이지를 구글이 분석할 수 있도록 하여, 효과적인 검색에 필요한 분석 내용을 얻을 수 있다. 또한 검색어별 검색 빈도 등의 정보를 알려주기 때문에 홈페이지 기획 및 운영에 많은 도움이 된다.

- **사이트 표시 언어** : 홈 페이지 상에 나타나는 보조 안내 정보들에 사용하는 언어 설정이다. 국내용 서비스를 할 경우 한국어로 설정해 놓는 것이 무난하다.

- **모바일** : 최근에 추가된 항목이다. 스마트 기기가 대중화되면서 스마트 기기를 사용해서 홈페이지를 방문하는 경우가 많아졌다. 스마트 기기의 경우에는 화면 크기의 제약으로 인하여 일반 컴퓨터 화면용으로 제작된 홈페이지를 보기에는 무리가 따른다. 이 항목의 '사이트를 휴대전화에 맞게 자동으로 조정'을 설정해 놓으면 스마트 기기에 적합하도록 화면이 조정된다.

- **액세스 설정** : 다른 사람들과 공동 작업을 할 때 유용하게 사용할 수 있는 기능이다. 다른 사용자들에게 홈페이지에 접근하여 작업할 수 있도록 권한을 주면, 홈페이지의 공동 작업이 가능하다. 이 기능은 구글 사이트 도구의 최대 강점 중의 하나이다.

위의 설정 사항들을 초기 단계에서 모두 결정할 필요는 없으며, 홈페이지를 운영하면서 필요한 경우에는 언제든지 다시 설정할 수 있다. 현재 단계에서는 '사이트 이름' 항목 정도만 결정을 해두면 된다. [그림 18]의 좌측 메뉴 중 '공유 및 권한'를 누르면 [그림 19]에 보이는 것과 같은 화면이 나타나는데, 이 화면에서는 홈페이지에 접근할 수 있는 권한을 설정할 수 있다. 현재 [그림 19]를 보면 '웹에 공개 - 인터넷의 모든 사용자가 찾아서 볼 수 있습니다.'라고 설정되어 있다. 이는 인터넷상의 누구라도 접근해서 내용을 볼 수 있다는 것을 의미한다.

만약 접근에 제한을 두고 싶다면 우측의 '변경' 버튼을 누르면 된다. 이 때 [그림 20]과 같은 창이 나타나며, 이 창에서 설정할 수 있는 내용은 다음과 같다.

- **웹에 공개** : 웹에 연결된 사람이 찾아서 볼 수 있다. 즉, 검색 엔진에 나타날 수 있다.
- **링크가 있는 모든 사용자에게 공개** : 명시적으로 홈페이지의 주소를 전달받은 사람만 볼 수 있다.
- **비공개** : 홈페이지 관리자로부터 권한을 부여받은 사람만 볼 수 있다.

이와 같은 공개 부분은 매우 신경을 써서 살펴보아야 하는 부분이다. 회사의 홈페이지가 최대한 일반인들에게 노출되어 방문 수가 많아야 함에도 불구하고, 만약 '비공개'로 설정되어 있으면 아무도 접근을 할 수 없게 된다. 또한

'링크가 있는 모든 사용자에게 공개'로 설정하는 경우에는 검색 엔진에 홈페이지가 등록되지 않기 때문에, 정확한 홈페이지 주소를 아는 사람만 접근이 가능할 뿐 검색에 의한 방문은 불가능해진다. 따라서 일반적인 홈페이지의 경우 '웹에 공개'를 선택해 놓아야 한다.

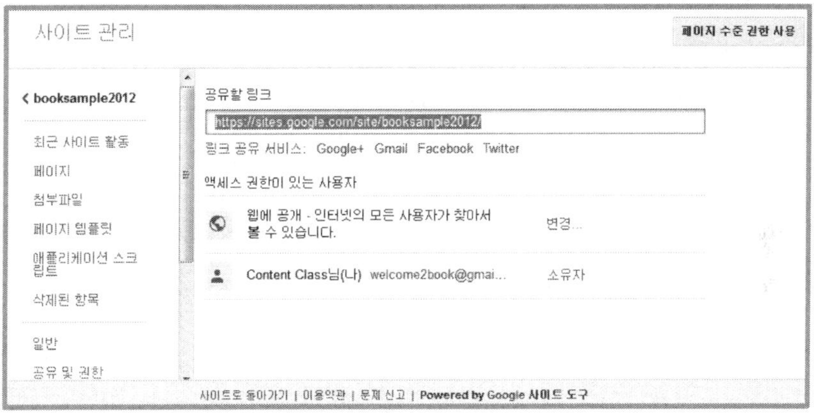

[그림 19] 공유 및 권한 설정 화면

[그림 20] 공개 설정 화면

필요한 설정을 완료했으면 좌측 상단에 나타나 있는 홈페이지 이름 (본 예에서는 '⟨booksample2012⟩')을 클릭하여 다시 홈페이지 화면으로 돌아가도록 한다.

페이지 추가하기

지금까지는 '홈'이라는 제목을 가진 하나의 페이지만 화면에서 볼 수 있었다. 홈페이지는 여러 개의 페이지로 구성되어 서비스된다. 이제 새로운 페이지를 추가하는 방법을 알아보자. 앞에서 살펴본 사이트 관리 화면에서 다시 [그림 21]과 같은 홈페이지 화면으로 돌아와 있다고 가정을 한다. 새로운 페이지를 추가하기 위해서는 우측 상단의 ▣ 버튼을 누른다. 새로운 페이지를 추가하는 화면은 [그림 24]와 같으며, 이 단계에서 설정할 내용은 페이지 이름, 사용할 템플릿 선택, 위치 선택이다.

- **페이지 이름** : 새로 만드는 페이지의 이름이자 페이지 메뉴의 이름이 되는 이름을 입력한다. 구글 사이트 도구에서는 각 페이지 이름과 메뉴명이 동일하게 유지된다. 그러므로 해당 페이지의 메뉴 이름을 결정한다는 생각으로 새로운 페이지 이름을 만들면 된다. 한글이나 영문 모두 관계없으며 차후에 언제라도 이름을 다시 변경할 수 있다. 본서에서는 새로운 페이지의 이름을 '제품 소개'라고 입력을 한다. 따라서 이 페이지를 위

한 메뉴 이름 역시 '제품 소개'가 될 것이다.

• **사용할 템플릿 선택** : 네 가지 종류의 템플릿이 주어진다. 템플릿은 페이지의 디자인과 관련된 분류가 아닌 페이지의 기능에 대한 분류이다. 본서에서는 가장 기본이 되는 템플릿인 '웹페이지'를 선택하도록 한다. 나머지 템플릿의 기능에 대해서는 후에 자세히 설명된다.

• **위치 선택** : 새로 생기는 페이지를 작업하고 있는 홈페이지 폴더의 최상위 수준(루트)에 둘 것인 지, 아니면 특정 페이지 아래에 배치할 것인지를 정하는 항목이다. 어떤 방법을 선택해도 기능상의 동작에는 차이가 없다. 이번 예제에서는 기본적으로 최상위 수준에 새로운 페이지를 생성해보도록 한다.

해당 항목들의 입력을 완료한 후에는 상단의 '만들기' 버튼을 누르도록 한다.

[그림 21] 페이지 추가를 위한 버튼

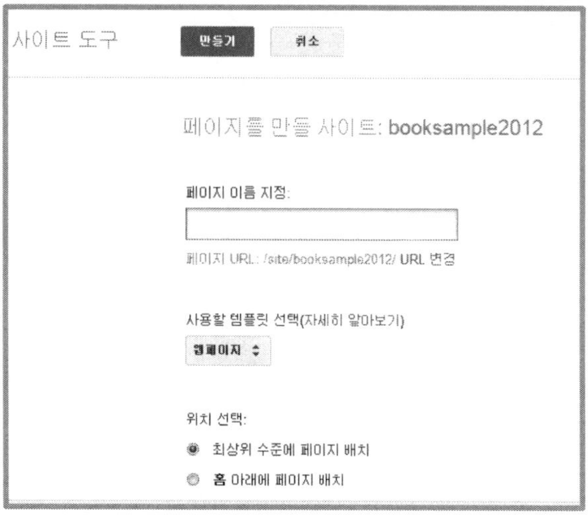

[그림 22] 새 페이지 설정

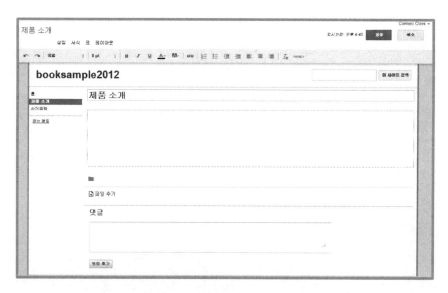

[그림 23] 새로 생성된 페이지 편집 화면

[그림 23]에서 새로 추가된 페이지의 아래 부분을 보면 '파일 추가'와 '댓글' 영역이 보이는데 이 것은 해당 페이지에 추가될 첨부 자료의 유무와 댓글의 유무를 나타낸다. 이 첨부 파일과 댓글은 아무 사용자나 추가할 수 있는 것은 아니고, 홈 페이지 접근 및 수정 권한을 가진 사용자만 가능하다. 한편 모든 페이지가 이 두 가지 요소를 필요로 하는 것은 아니기 때문에, 꼭 필요한 경우가 아니라면 이 항목들이 눈에 거슬릴 수가 있기 때문에 이 요소들은 없앨 수 있다. 또한 현재까지는 웹 페이지의 제목이 항상 문서의 상단에 나타나 있는데 이 역시 원하지 않는 경우 나타나지 않도록 설정할 수 있다.

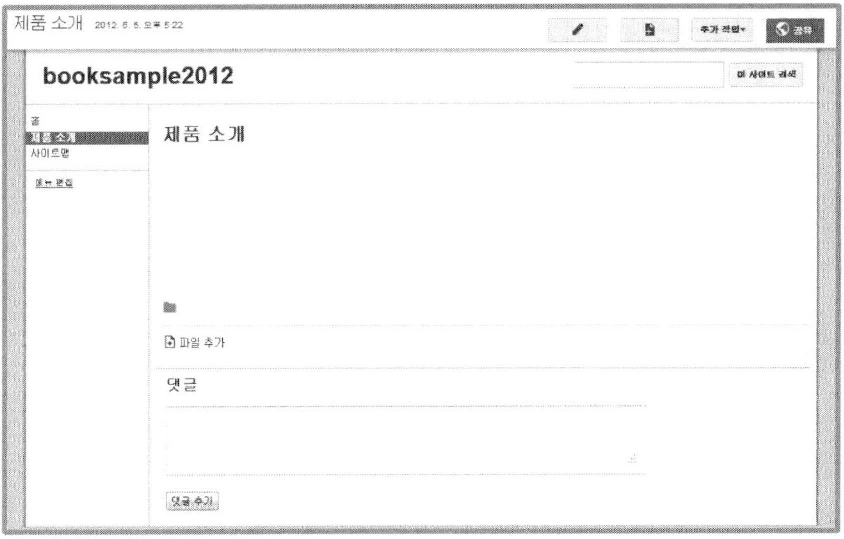

[그림 24] 새로 생성된 페이지 홈페이지 뷰 화면

현재 [그림 23]의 화면은 페이지 편집 모드 상태이므로 우측 상단의 '저장'을 버튼을 누르면 페이지 편집모드에서 벗어나 [그림 24]와 같은 홈페이지 화면으로 이동된다. 이 화면에서 우측 상단의 '추가 작업' 버튼을 누르면 여러 개의 하위 메뉴가 나타나는데, 이 중 '페이지 설정' 메뉴를 선택한다.

이 때 [그림 25]와 같은 창이 나타나는데, 기본적으로는 위에 보이는 네 개의 설정항목이 모두 선택되어 있을 것이다. 새로 추가한 '제품 소개' 페이지에 필요 없는 항목을 지우기 위하여 [그림 25]의 항목들 중 '페이지 제목 보기' 항목 이외의 체크 박스는 모두 끄도록 한다. 페이지 설정이 끝나면 '저장' 버튼을 눌러서 설정을 완료한다. 페이지 설정이 끝나면 결과는 [그림 26]과 같이 나타난다.

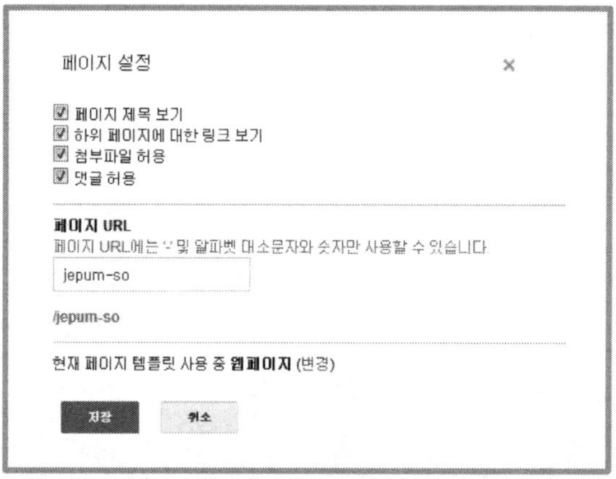

[그림 25] 페이지 설정 화면

[그림 26] 페이지 설정이 끝난 결과

메뉴 편집 방법

좌측에 자동으로 구성되어 있는 메뉴 항목을 변경하는 방법을 알아본다. 메뉴 항목의 변경은 메뉴 추가, 메뉴 삭제, 메뉴 순서 변경, 하위 메뉴 추가 등을 포함한다. 그리고 앞에서 새로 추가한 페이지 '제품 소개'는 자동으로 좌측 메뉴 창에 추가되었지만, 이런 자동 메뉴 추가 방법 외에도, 직접 수동으로 메뉴를 구성할 수 있다. 또한 추가된 페이지가 항상 메뉴 상에 나타나야만 하는 것은 아니다. 즉 페이지는 존재하지만, 메뉴에서만 보이지 않도록 할 수도 있다. 그리고 현재 진행하고 있는 예에서와 같이 페이지의 좌측에 위치하는 세로 메뉴가 기본이지만, 일반적인 비즈니스 홈페이지와 같이 페이지의 상단에 가로 방향으로 메뉴를 배치할 수도 있는데 이 방법은 차후에 설명된다.

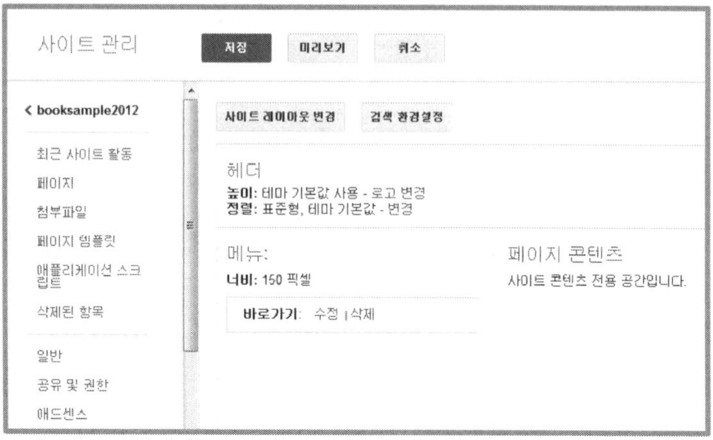

[그림 27] 메뉴 편집을 누른 후의 화면

[그림 26]의 좌측 메뉴창의 바로 아래에 위치한 '메뉴 편집'이라는 링크를 클릭하면, 바로 메뉴 편집 창으로 이동되며 그 모양은 [그림 27]과 같다. [그림 27]에 나타나 있는 우측 부분을 보면 중간에 '메뉴'라는 이름의 영역이 보인다. 이 영역에 여러분이 원하는 메뉴 형태를 구성할 수 있다. [그림 27]의 화면을 보면 메뉴라는 영역에 '바로가기'가 보인다. 메뉴 영역에는 여러 가지의 바로 가기나 텍스트 등을 추가할 수 있는데, 화면에 보이는 바로가기는 그 자체가 메뉴가 아니고 그 안에 여러 가지 메뉴 선택 항목들을 담고 있는 메뉴 그룹으로 이해를 하면 된다. 즉 앞에서 우리가 만든 두 개의 페이지 이름인 '홈'과 '제품 소개'는 메뉴 영역에 바로 보이지 않고 '바로가기' 속으로 들어가야 볼 수 있다. 바로가기를 추가할 경우 또 다른 메뉴, 텍스트 링크, 이미지 링크 그룹들을 추가할 수도 있다.

먼저 앞에서 준비한 '홈'과 '제품 소개' 페이지에 대한 메뉴 구성방법을 이 해해보자. 바로가기에 대한 특성을 한 번만 이해해 놓으면 나머지 메뉴 구성 방법은 쉽게 처리할 수 있다. [그림 27]의 중앙에 보이는 '바로가기' 우측에 '수 정'이라는 메뉴를 클릭하면 바로가기 메뉴를 수정할 수 있는 [그림 28]과 같은 '탐색 구성'이라는 창이 나타난다.

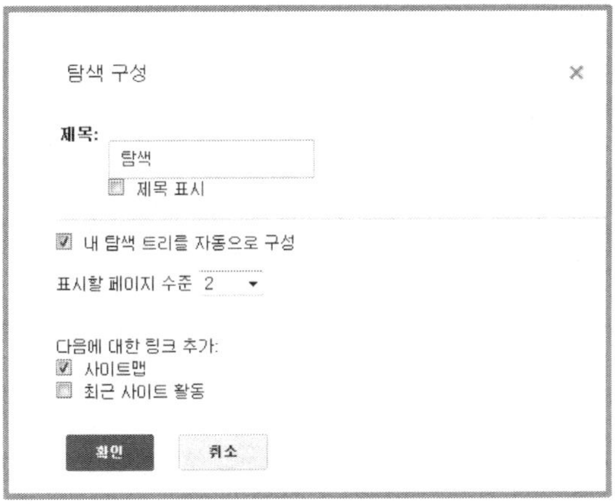

[그림 28] 바로가기 메뉴 구성 창

[그림 28]의 탐색 구성 창을 보면 약간의 혼란스러운 부분이 있다. 이 화면 의 중앙에 '내 탐색 트리를 자동으로 구성'이라는 항목이 기본적으로 체크되 어 있는데, 이 때문에 실제 메뉴항목이 나타나지 않는다. 이 항목이 체크되어 있는 이유는 기본적으로 페이지에 대한 메뉴 구성을 구글 사이트 도구가 자 동으로 해주도록 설정되어 있기 때문이다. 이로 인하여 구글 사이트 도구를

처음 사용하는 경우에는 메뉴 항목 확인에 혼란을 느끼는 경우가 있다. 지금
은 이 항목의 다시 클릭하여 체크를 해제하도록 한다. 이 항목의 체크를 해제
함과 동시에 이 탐색 구성 화면은 [그림 29]와 같이 변경된다. 변경된 탐색 구
성 화면의 중간을 보면 현재 홈페이지를 구성하고 있는 메뉴항목 '홈'과 '제품
소개'가 나열되어 있는 것을 볼 수 있다.

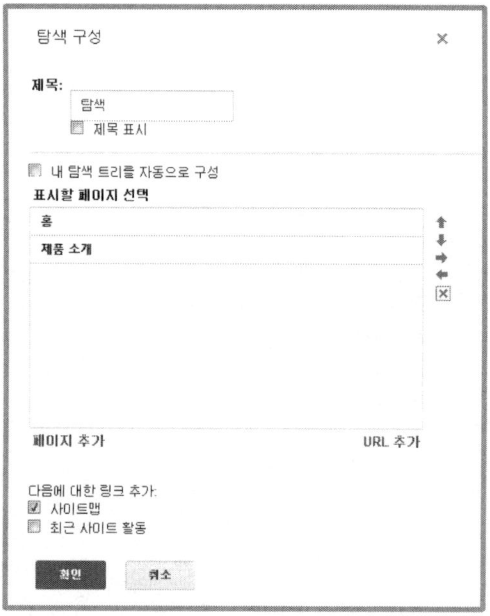

[그림 29] 탐색 구성의 자동 기능을 해제한 화면

먼저 메뉴 항목들의 순서를 변경하는 방법을 알아보자. 메뉴의 '제품 소개'
항목을 누른 후 화면 우측의 상, 하 화살표를 눌러보면 현재 선택한 메뉴 항목

이 위나 아래로 이동되는 것을 볼 수 있다. 이런 방법을 사용하여 메뉴의 위치를 변경할 수 있다.

메뉴를 삭제하기 위해서는 원하는 메뉴 항목을 선택하고 우측의 X표시를 누르면 삭제된다. 현재 화면에 나타나 있는 두 개의 메뉴 항목 중 '제품 정보' 항목을 선택한 뒤 X표시를 눌러보자. '추가 정보' 메뉴가 화면에서 사라진 것을 볼 수 있다. 이 때 실제 페이지 자체가 삭제되는 것은 아니고, 이 페이지가 메뉴에 표시되었던 메뉴 항목 이름만 탐색 구성 창에서 삭제되는 것이다. [그림 30]에서는 '제품 소개' 메뉴가 사라진 것을 볼 수 있다.

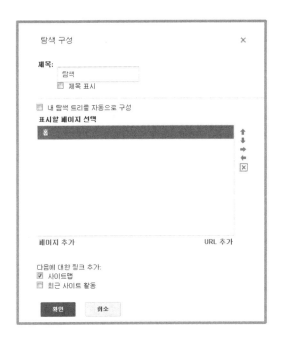

[그림 30] 한 항목이 삭제된 메뉴 화면

다시 메뉴 항목을 추가하기 위해서는 박스 하단의 '페이지 추가' 링크를 누른다. 페이지 추가 화면에는 [그림 31]과 같이 현재 홈페이지에 존재하는 페이지들의 목록이 나타나는데, 이 중 메뉴에 추가를 원하는 페이지를 선택한 후 확인 버튼을 누르면 다시 메뉴 항목에 추가된다. '제품소개' 페이지를 추가해보자.

[그림 31] 메뉴에 페이지 추가 화면

이제 탐색 구성 창을 확인해보면 [그림 32]에서와 같이 '홈' 메뉴와 '제품 소개' 메뉴가 모두 다시 나타나 있는 것을 볼 수 있다.

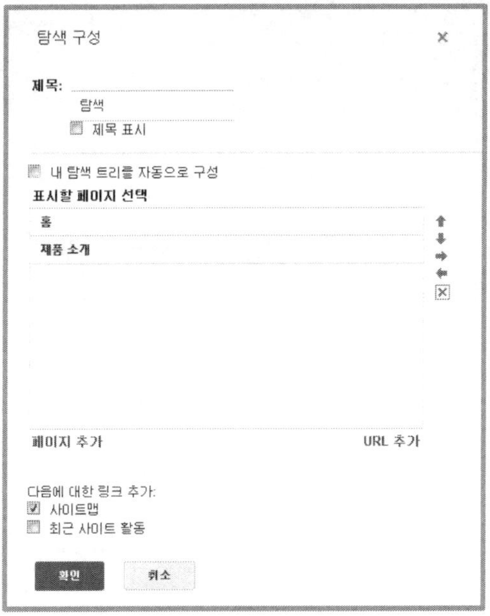

탐색 구성   ✕

제목:
    탐색
    ☐ 제목 표시

☐ 내 탐색 트리를 자동으로 구성
표시할 페이지 선택
홈
제품 소개

페이지 추가   URL 추가

다음에 대한 링크 추가:
☑ 사이트맵
☐ 최근 사이트 활동

확인   취소

[그림 32] '제품 소개' 페이지가 메뉴에 추가된 화면

이 화면에서 '제품 소개' 메뉴 항목을 선택한 채로 '우측 화살표' 버튼을 눌러보도록 하자. [그림 33]과 같이 '제품 소개'가 우측으로 밀려들어가는 것을 볼 수 있다. 이 표시는 '제품 소개'라는 메뉴 항목이 그 위에 있는 '홈' 메뉴의 하위 메뉴가 된다는 것을 의미한다. 물론 다시 좌측 화살표를 사용하여 상위 메뉴로 이동할 수도 있다.

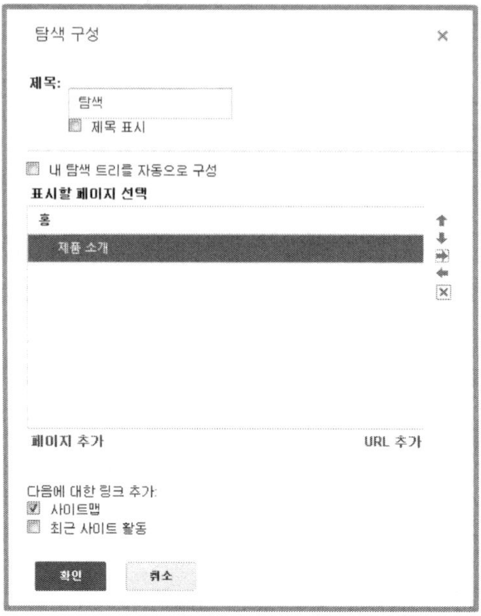

탐색 구성   ✕

제목:

탐색

☐ 제목 표시

☐ 내 탐색 트리를 자동으로 구성

표시할 페이지 선택

홈

제품 소개

페이지 추가   URL 추가

다음에 대한 링크 추가:
☑ 사이트맵
☐ 최근 사이트 활동

확인   취소

[그림 33] 하위 메뉴 만들기

'제품 소개'가 우측으로 밀려가 있는 상태에서 '확인' 버튼을 누르고 사이트

관리 화면으로 돌아가자. 다시 사이트 관리 화면에서 상단에 있는 '저장' 버

튼을 누르면 위에서 진행한 메뉴 변경 내용이 홈페이지에 저장된다. 다시 좌

측 상단에 있는 '〈 booksample2012(자신의 사이트 명)' 링크를 누르면 홈 페

이지 화면으로 돌아간다. [그림 34]는 위 작업을 마친 후의 웹 페이지 편집화

면의 모습이다. '제품 소개' 메뉴 항목이 '홈' 메뉴의 하위 메뉴로 변경된 것을

볼 수 있다. '홈' 메뉴 좌측의 삼각형 모양의 아이콘을 누르면 하위 메뉴가 사

라지고, 다시 누르면 하위 메뉴가 나타난다. 관리할 메뉴의 수가 너무 많아지

는 경우에는 최 상위 메뉴로만 구성하기에는 화면이 너무 복잡해진다. 이 경우 하위 메뉴 기능을 적절히 사용하면 효과적인 메뉴를 구성할 수 있을 것이다. 다음 장에 이어서 실습을 하기 위하여 하위 메뉴로 만들어 놓은 '제품 소개'를 다시 상위 메뉴로 이동시켜보자. 이 작업은 앞의 설명을 참조하면 어렵지 않게 할 수 있을 것이다.

[그림 34] 완성된 하위 메뉴

홈페이지 내용

구성하기

편집 모드로 들어가기

본서에서 예로 진행 중인 홈페이지는 '홈'이라는 메뉴와 '제품 소개'라는 두 개의 메뉴 항목을 가지고 있다. 메뉴의 '홈'을 클릭하면 그 메뉴에 대한 페이지가 자동으로 화면에 나타난다. 이제부터는 기본 홈페이지 설정과 메뉴 구성을 끝낸 상태에서 홈페이지의 내용을 구성하는 방법을 알아본다.

현재 화면에 나타난 페이지를 편집하기 위해서 화면 우측 상단에 위치한 ✏ 버튼을 누르면 [그림 35]와 같이 페이지 편집 모드로 변경된다. 이 편집 모드에서는 마치 워드 프로세서를 사용하듯이 페이지의 내용을 쉽게 입력하고 수정할 수 있다. 화면 상단을 보면 워드 프로세서와 유사한 편집 버튼들이

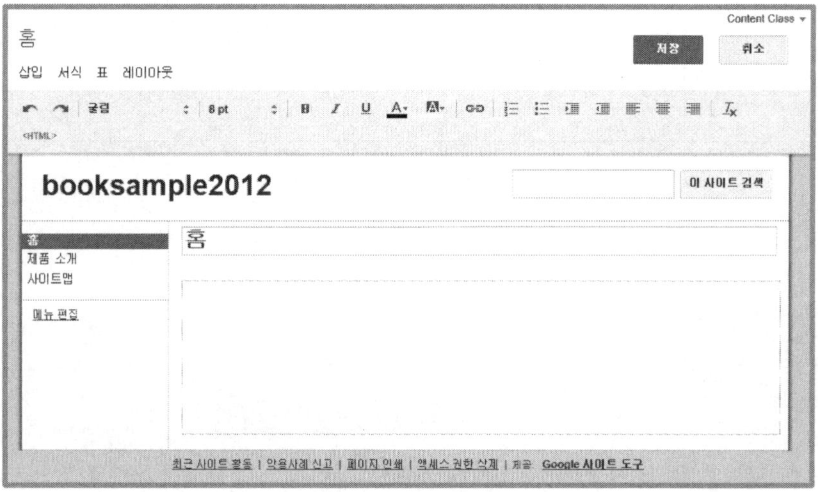

[그림 35] 편집 모드 화면

나열되어 있는 것을 볼 수 있다. 텍스트 작업뿐만이 아니라 이미지, 표, 링크 등과 같은 웹의 기본적인 요소들은 물론 구글 앱스에서 지원하는 기능을 사용하여 동영상, 사진, 구글 문서, 구글 프레젠테이션 등 다양한 멀티미디어의 사용이 가능하다. 독자 여러분들도 편집모드로 들어가서 페이지 편집 준비를 해보자.

텍스트 모양 변경하기

편집 모드에서 텍스트 모양을 변경하는 방법을 알아보기 위하여, [그림 36] 과 같이 세 줄 정도의 문장을 입력해보자.

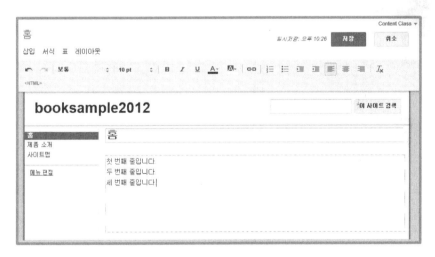

[그림 36] 페이지에 입력하기

입력한 텍스트의 모양 변경을 위해 다음과 같이 진행해보자. 모양이 변경된 결과를 원래의 것과 비교하기 위하여 두 번째와 세 번째 줄에 대해서만 편집을 적용한다.

- 마우스를 드래그하여 원하는 텍스트 부분을 선택한다.
- 좌측 상단의 폰트 선택 상자에서 폰트를 '굴림'으로 변경한다. (현재 폰트 메뉴에 나타난 한글 폰트의 수가 많아 보이지 않지만, 본서의 후반부에서 설명되는 CSS 스타일 기능을 사용하여 다양한 폰트를 설정할 수 있다.)
- 폰트 크기를 16pt로 변경한다.
- 메뉴 상자에서 'B'버튼을 눌러서 굵은체로 변경한다. (그 우측의 버튼들도 함께 사용하면 이탤릭체나 언더라인체로 변경할 수 있다.)

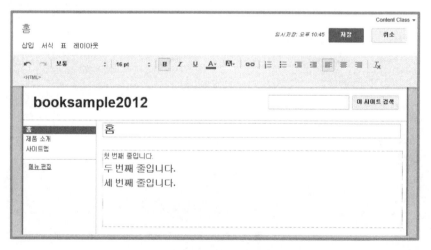

[그림 37] 폰트와 크기가 변경된 텍스트

• 메뉴 상자에서 'A'모양의 버튼을 클릭하여 폰트의 색상을 붉은색으로 변경한다. (텍스트의 배경화면의 색상도 변경하고자 할 때는 그 우측에 있는 역 색상 'A' 모양의 버튼을 클릭해서 변경할 수 있다.)

[그림 37]은 텍스트에 대한 편집을 적용한 결과이다. 결과이다. 두 번째와 세 번째 줄의 폰트가 위에서 지정한 대로 변경되어 있는 것을 볼 수 있다. 이런 폰트 변경 방법은 일반 워드프로세서와 별반 다르지 않기 때문에 전문가가 아니더라도 누구나 쉽게 웹 페이지의 내용을 편집할 수 있는 장점을 가지고 있다.

편집 메뉴의 우측에 있는 ▦ ▦ 버튼을 사용하면 입력한 문장의 들여쓰기 정도를 조정할 수 있으며, ▦ ▦ ▦ 버튼들을 사용하면 좌측 정렬', '중앙 정렬', '우측 정렬' 방식으로 문단을 배치할 수 있다.

이렇게 주어진 메뉴만으로도 대부분의 필요한 텍스트 모양은 해결되나 CSS 스타일 방식을 사용하면 보다 세밀한 제어가 가능한데, 이 부분도 후에 설명된다.

링크 삽입하기

웹이라는 개념이 링크라는 개념으로부터 시작한 만큼 링크는 홈페이지의 필수 요소이다. 구글 사이트 도구에서는 다음과 같이 세 가지 대상으로 연결되도록 링크를 생성할 수 있다.

- **사이트 페이지** : 구글 사이트 도구 내에 이미 작성해 놓은 웹 페이지와 연결할 수 있다.

- **웹 주소** : 외부 웹 주소와 연결할 수 있다. 예를 들어서 구글 검색엔진에 링크를 걸기 위해서는 http://www.google.com 과 같이 링크 대상 주소를 지정할 수 있다.

- **애플리케이션 스크립트** : Javascript라는 언어를 사용하여 자동화된 처리나 애플리케이션 응용동작을 하도록 할 수 있는데, 프로그래밍에 전문가가 아닌 경우 군이 사용할 필요는 없는 기능이다.

현재 화면에 입력되어 있는 텍스트를 모두 지우고 '구글로 연결하기'라고 입력을 해보자. 이 텍스트에 링크를 걸어주기 위해서는 먼저 텍스트를 마우스로 드래그하여 링크를 걸어줄 텍스트 영역을 선택한다. 선택한 후 메뉴의  버튼을 누르면 [그림 38]과 같이 '링크 만들기' 화면이 나타난다. 이 창을 보면 위에 설명한 것과 같은 3개의 링크 대상 중 하나를 입력할 수 있도록 되어 있다. 이 중 '웹 주소' 항목을 클릭한 후 예에서와 같이 웹 주소 'http://www.google.com' 을 입력해주면 링크 작업은 완료된다.

참고로 아래쪽에 '새 창에서 링크 열기'라는 체크 항목이 있는데, 이 항목을 체크해준 경우에는 링크 텍스트 클릭 시 링크에 연결된 웹 문서가 현재 브라우저 창에 나타나는 것이 아니고, 새로운 웹 브라우저 창이 열리면서 그 곳에 연결된 웹 문서가 나타나게 된다. 이 항목도 체크하여 위에서 만든 '구글로 연결하기' 링크를 누르면 새 창에서 구글 페이지가 나타나도록 해본다.

완성된 링크는 [그림 39]와 같다. 링크의 모양이 파란색 텍스트에 밑줄이 그어진 모양으로 나타나 있다. 최근에는 링크된 텍스트의 일률적인 파란색 밑줄모양을 사용하지 않고 모양을 변경해서 사용하는 경우가 대 부분이다. 이는 향후에 설명되는 테마를 사용한 홈 페이지 디자인하기 부분에서 다루어진다.

[그림 38] 링크 만들기

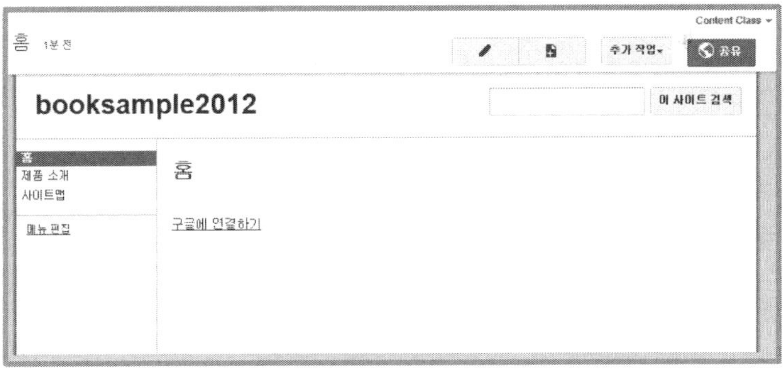

[그림 39] 구글에 연결한 텍스트 링크

글 머리표 사용하기

많은 항목을 열거할 때는 텍스트로만 나열을 하는 것보다는, 글머리표를 사용하는 것이 효과적이다. 일반적으로 워드프로세서 같은 경우 글머리표는 일일이 타이핑을 하지 않고 자동화된 방식을 사용한다. 특히 글머리표를 숫자로 구성하는 경우에는 수작업으로 글머리표를 매기는 일은 매우 불편하다. 만약 리스트 중간에 어떤 항목을 끼워 넣는 경우에는 그 뒤에 위치한 항목들의 글머리표 숫자들을 한 칸씩 다시 밀려 써야 하기 때문이다. 위에서 만든 내용을 삭제하고 페이지 본문에 다음과 같이 입력해보자.

텍스트
이미지
링크

위 텍스트들을 마우스로 드래그하여 모두 선택한 후, 편집 메뉴 버튼 중 ☰ 버튼을 눌러보자. 다음과 같이 글머리표가 숫자로 매겨지는 것을 볼 수 있다.

1. 텍스트

2. 이미지

3. 링크

다시 이 영역을 선택하고 편집 메뉴 영역에 있는 버튼 중 ≔ 버튼을 누르면 다음과 같이 숫자가 없는 무순서 형태의 글머리표가 매겨진다.

■ 텍스트

■ 이미지

■ 링크

🔗 이미지 넣기, 이미지에 링크 걸기

현재 편집하고 있는 페이지에 이미지를 넣는 방법을 알아보자. 지금까지 입력한 본문의 내용을 모두 삭제한 후 본문영역에 다시 커서를 위치시킨다. [그림 40]을 참고하여 '삽입' 메뉴 아래의 '이미지' 메뉴를 실행시킨 후 자신의 컴퓨터에 있는 이미지 파일을 선택하면 이미지 파일이 구글 사이트 도구로

전송되면서 웹페이지에 이미지가 삽입되는 것을 볼 수 있다. [그림 41]은 위

방법을 이용하여 구글의 로고 이미지를 웹 페이지에 삽입한 결과를 보여준

다. 독자 여러분들도 자신의 컴퓨터에 있는 이미지를 사용하여 이미지를 삽

입해 보자.

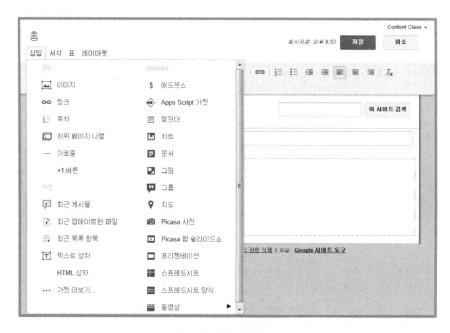

[그림 40] 이미지 삽입 메뉴

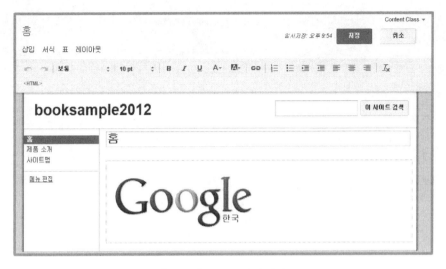

[그림 41] 이미지 삽입 결과

위에서 삽입한 이미지에 링크를 거는 방법을 알아보자. 이미지에 링크를 거는 방법은 텍스트에 링크를 거는 방법과 거의 유사하다. 위에서 삽입된 이미지를 http://www.google.com으로 링크를 걸어보자. 먼저 이미지 위에서 마우스를 클릭하면 [그림 42]에서와 같이 이미지에 관련된 메뉴가 이미지 아래에 나타난다. 이 메뉴에서 '이동할 링크'라고 표시된 부분에는 현재 삽입되어 있는 이미지의 웹 주소로 기본적인 링크가 지정되어 있다. 이를 변경하기 위해서는 그 이미지 메뉴 우측에 위치한 '변경'을 누른다. 이 때 나타나는 URL 입력 창은 앞에서 텍스트에 링크를 걸 때와 같은 창이 나타나며 그 모양은 [그림 43]과 같다. 좌측에서 '웹 주소' 항목을 선택하고 우측의 '연결 URL'란에 http://www.google.com과 같은 URL을 입력한 후 '확인' 버튼을 누르면

69

이미지에 링크가 생성된다. '연결 URL'위에 보이는'표시할 텍스트' 입력 필드
는 이미지 옆에 텍스트 링크가 추가되는 기능이니 굳이 사용할 필요는 없을
것이다.

[그림 42] 이미지 수정 메뉴

본 예에서는 이미지에 링크가 생겨도 테두리가 보이지 않지만, 구글 사이
트 도구의 테마의 종류에 따라서는 링크된 이미지의 주위에 테두리가 생겨서

모양이 보기 좋지 않은 경우도 생기는데, 이 때는 이미지의 테두리 굵기를 0
으로 설정해야 하는데 직접 html코드의 숫자를 변경해주면 된다. html을 편
집하는 방법은 차후에 설명된다. 이미지를 삭제하기 위해서는 [그림 42]의 이
미지 메뉴에서 'X' 표시를 클릭하면 된다.

텍스트 상자 넣기

텍스트 상자라는 개념은 원래의 웹 페이지의 용어는 아니며 구글 사이트
도구에서 사용하는 명칭이다. 텍스트 상자는 특정 박스를 만들고 그 안에 텍
스트를 배치하여 텍스트의 배치를 정리하기 위한 목적을 위하여 사용된다.
사용방법도 매우 간단하며, 페이지의 구성을 정리하는데 도움이 된다. 먼저
현재 페이지에 앞에서 삽입했던 이미지를 삭제하자. 이미지를 삭제하기 위
해서는 이미지를 클릭할 때 나타나는 메뉴에서 'X'를 선택하면 된다. 웹 페이
지의 빈 곳을 클릭한 후 [그림 44]에의 '삽입' 메뉴에서 위에서 10번째에 위치
한 '텍스트 상자'를 선택한다.

텍스트 상자에 대한 입력은 [그림 45]에서와 같이 세 가지 항목으로 나누어
진다. 먼저 텍스트 상자의 제목을 '가젯 제목' 란에 입력한 후, 너비 란에는 텍
스트 상자의 가로 길이를 입력한다. 가젯 제목은 생략할 수도 있다. 텍스트
상자가 삽입되는 페이지 영역 부분의 너비의 100% 를 모두 차지하도록 하려
면, 너비를 입력하지 않고 빈 칸으로 두면 된다. 텍스트 상자의 본문 입력란

[그림 44] 텍스트 상자 삽입 메뉴

은 웹페이지를 입력하는 방식과 동일하다. 워드프로세서를 사용하듯 입력할

수 있으며, 텍스트의 포맷 변경이 가능하며 이미지의 삽입도 가능하다.

[그림 45] 텍스트 상자

텍스트 상자의 가젯 제목 부분과 본문 부분에 원하는 텍스트를 입력해보
자. 너비는 100으로 입력을 해보자. [그림 45]의 화면에서 텍스트박스에 대한
정보를 모두 입력한 후 저장 버튼을 누르면 [그림 46]과 같은 화면으로 돌아가
는데, 이 때 텍스트상자의 내용은 보이지 않는다. 현재는 아직 페이지의 편집
모드에 있기 때문이다. 이 상태에서 다시 텍스트 상자의 내용을 변경하고자
할 경우에는 텍스트 상자를 클릭하면 나타나는 메뉴에서 ☼ 버튼을 클릭하
면 다시 [그림 45]의 화면으로 돌아가서 텍스트 박스의 내용을 계속 수정할 수
있다. 만약 텍스트 박스를 삭제하기 위해서는 ☼ 버튼 대신 'X' 버튼을 선택
하면 된다.

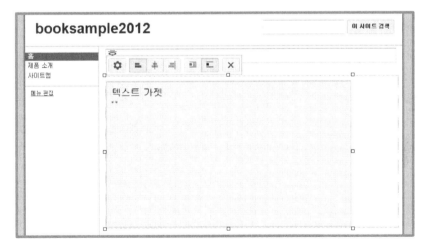

[그림 46] 텍스트 상자 저장 후의 화면

완성된 텍스트 상자의 모양을 확인하기 위해서는 웹 페이지의 편집모드를 벗어나면 된다. 우측 상단의 '저장' 버튼을 누르면 현재 편집중인 페이지가 저장되면서 편집 모드에서 벗어나게 된다. 저장 버튼을 누른 후 페이지 편집 모드를 벗어나면 [그림 47]에서와 같이 완성된 텍스트 상자의 모습이 웹 페이지에 나타난다. 다시 텍스트 상자를 수정하거나 삭제하기 위해서는 다시 페이지 수정 모드로 들어간 후, 지금까지 설명된 방법과 동일하게 텍스트 상자에 대한 수정 작업을 진행할 수 있다.

[그림 47] 완성된 텍스트 상자

🔗 표 넣기

워드프로세서에서 표가 사용되는 원래의 목적은 데이터를 알아보기 쉽도록 배치하기 위하여 사용된다. 웹 페이지에서도 표는 원래의 목적과 같이 데이터 배치를 위해서 사용되기도 하지만, 화면 디자인을 위하여 이미지나 텍스트의 위치를 보기 좋게 배치하기 위한 목적으로 사용되는 경우가 더 많다고 할 수 있다. 구글 사이트 도구에서도 웹 페이지의 본문 영역에 표를 삽입할 수 있으며, 표의 크기나 모양 조절이 가능하다. 표를 넣는 작업 역시 웹 페이지를 편집하는 단계이기 때문에 페이지 편집 모드로 들어가도록 한다. 표 작업 연습을 위하여 현재 페이지에 입력되어 있는 텍스트 상자는 삭제하도록 한다.

웹 페이지에 표를 삽입하기 위해서는 [그림 48]을 참조하여 '표' 메뉴 아래의 '표 삽입' 메뉴로 들어간다. 이 곳에서 마우스를 움직이면 마우스가 이동하는 영역에 따라서 표의 열의 수와 행의 수를 지정할 수 있다. [그림 48]의 예에서와 같이 열의 개수를 4개로 행의 개수를 2개로 선택해보자. 그 결과는 [그림 49]에서와 같이 주어진 행과 열의 수를 가진 표로 나타난다. 이 표 안에는 이

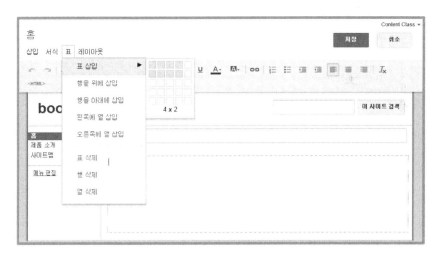

[그림 48] 표 삽입 메뉴

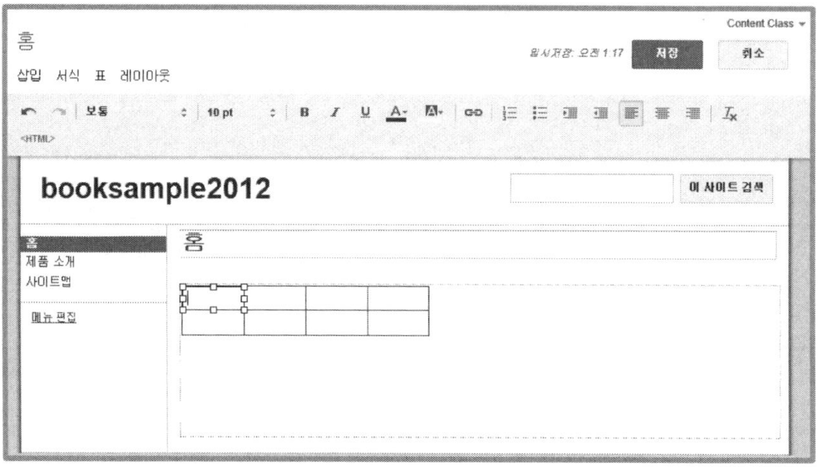

[그림 49] 삽입된 표

미지, 텍스트, 텍스트 상자 등 어떤 웹 요소라도 넣을 수 있다. 표의 각 칸을 '셀'이라고 부르는데, 셀의 크기를 조절하기 위해서는 [그림 49]에 보이는 바와 같이 셀을 클릭할 때 나타나는 네모 모양의 가이드 라인의 가장자리를 마우스로 드래그하여 원하는 가로, 세로 크기를 조절할 수 있다.

기타 표를 조절하기 위한 방법들은 다음과 같다.

• **한 행을 삭제하기** : 원하는 셀을 클릭하고 '표' 메뉴의 '행 삭제'를 선택한다.

• **한 열을 삭제하기** : 원하는 셀을 클릭하고 '표' 메뉴의 '열 삭제'를 선택한다.

• **한 행을 위에 추가하기** : '표' 메뉴의 '행을 위에 삽입'을 선택한다.

• **한 행을 아래에 추가하기** : '표' 메뉴의 '행을 아래에 삽입'을 선택한다.

• **한 열을 왼쪽에 추가하기** : '표' 메뉴의 '왼쪽에 열 삽입'을 선택한다.

- **한 열을 오른쪽에 추가하기** : '표' 메뉴의 '오른쪽에 열 삽입'을 선택한다.
- **전체 표를 삭제하기** : 아무 셀이나 선택된 상태에서 '표' 메뉴의 '표 삭제'를 선택한다.

레이아웃 조정하기

일반적으로 신문들의 편집된 상태를 보면 흔히 단이라고 불리는 세로 열로 내용이 구분되는 것을 볼 수 있다. 웹 페이지에서도 때로는 전체 페이지 너비를 모두 사용하여 내용을 배치하는 경우도 있지만, 디자인성과 가독성을 높이기 위해서 페이지를 여러 단으로 나누어 사용하는 것이 일반적이다. 예를 들어서 각종 온라인 신문의 홈페이지를 방문해보면 흔히 두 단 정도로 페이지를 나누어 내용을 배치하는 것을 볼 수 있다. 구글 사이트 도구에서도 웹 페이지의 본문 영역을 여러 개의 단으로 나누어 정리할 수 있도록 지원하고 있다. 레이아웃의 기능 테스트를 위하여 페이지 편집 모드로 들어간다. 현재 페이지에 입력되어 있는 표는 지우도록 한다.

[그림 50]을 참조하여 '레이아웃' 메뉴를 선택해보면 웹 페이지의 본문 영역에서 사용할 수 있는 레이아웃의 종류들이 나열된다. 총 9개의 레이아웃 형태를 볼 수 있다. 이 중 자신의 웹 페이지 컨셉에 적합한 것을 선택하면 웹 페이지의 구성이 자동으로 변경된다. 실습을 위하여 위에서 다섯 번째 에 있는 '2열'이라는 이름의 레이아웃을 선택해보자.

[그림 51]을 보자. 위와 아래에 한 열로 구성된 단이 나오고 중간에는 두 개의 열로 구성된 레이아웃을 볼 수 있다. 레이아웃에 나타난 영역 내에 텍스트, 이미지 등을 입력하는 방법은 지금까지 살펴본 바와 다르지 않다. 다른 레이아웃도 선택해보고 내용을 채워보자.

[그림 50] 레이아웃 메뉴

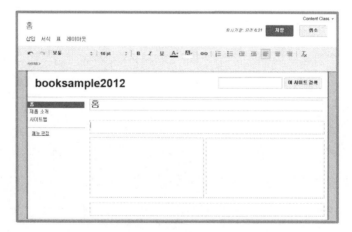

[그림 51] 2열 레이아웃

페이지 제목 숨기기

　지금까지 진행해오고 있는 웹 페이지의 모양을 보면, 각 페이지의 제목(사실은 현재 페이지의 메뉴 이름과 동일함)이 항상 페이지의 상단에 위치한 것을 볼 수 있다. 디자인적인 면에서 보면 이렇게 각 페이지의 이름이 페이지 제목으로 항상 상단에 위치하고 있는 것이 눈에 거슬렸던 독자들도 있었으리라 생각된다. 디자인은 개인별, 국가별로 그 취향에 있어서 차이점이 존재한다. 우리나라 홈페이지들의 디자인 방식은 장식이 많고 아기자기한 디자인을 추구하는 반면, 구글과 같은 서구 쪽의 홈 페이지들은 디자인보다는 상대적으로 기능과 내용에 더 중점을 둔다는 경향을 가진다. 페이지 내에 내용을 배치할 경우에도 가장 우선시하는 것은 정보 전달의 명확성이다. 그래서 구글 사이트 도구에서도 각 페이지마다 페이지 제목을 상단에 배치하여 사용자가 자신이 위치한 페이지를 정확히 인지할 수 있도록 하고 있다.

　그렇지만 디자인에 있어서 정답은 없듯이, 페이지 제목이 필요 없는 경우도 있을 것이다. 현재 편집하고 있는 웹 페이지의 제목을 숨기기 위해서는 편집 모드를 빠져나가야 한다. 편집 모드 상태에서 우측 상단의 '저장' 버튼을 눌러서 웹 페이지 편집을 종료한다. [그림 52]와 같이 페이지 설정 변경을 위하여 우측 상단의 '추가 작업' 메뉴의 하위 메뉴들 중 '페이지 설정'을 누른다.

[그림 52] 페이지 설정 메뉴

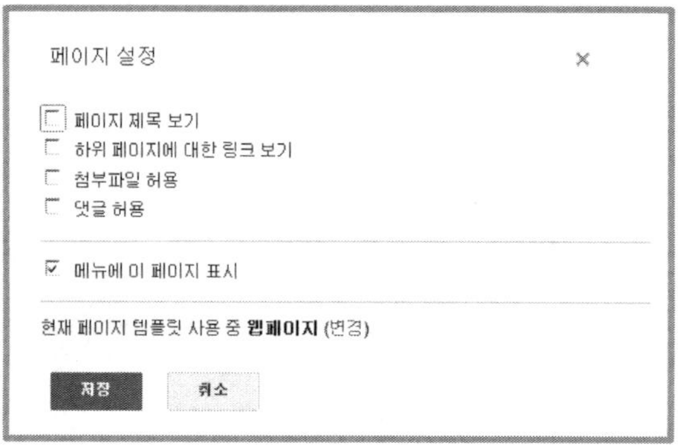

페이지 설정   ×

☐ 페이지 제목 보기
☐ 하위 페이지에 대한 링크 보기
☐ 첨부파일 허용
☐ 댓글 허용

☑ 메뉴에 이 페이지 표시

현재 페이지 템플릿 사용 중 **웹페이지** (변경)

저장   취소

[그림 53] 페이지 설정 내용

　페이지 설정창이 [그림 53]과 같이 나타나면 현재 작업 중인 페이지 상에 보이고 싶지 않은 요소들에 대하여 체크를 해제해서, 웹 페이지에서 해당 요소를 보이지 않도록 할 수 있다. 단 주의해야 할 사항은 아래 부분에 위치한 '메뉴에 이 페이지 표시' 항목을 체크하지 않으면 현재 페이지는 존재는 하지만 메뉴에는 나타나지 않게 된다는 점이다. 어떤 웹 페이지들은 메뉴에서 직접 접근하는 것이 아니고 다른 웹 페이지 내의 링크를 통해 접근되기도 한다. 이런 경우에는 메뉴에 페이지가 나타날 필요는 없다. 하지만 메인 메뉴 상에서 접근이 필요한 웹 페이지라면 이 항목을 해제해서는 안 된다는 점을 기억해두자.

본 장에서는 홈 페이지를 구성하는 각 페이지의 내용을 편집하기 위한 가장 중요하고 기초적인 내용들을 살펴보았다. 현재까지 살펴본 기능만으로도 얼마든지 필요한 내용을 보여줄 수 있는 홈 페이지를 구축할 수는 있다. 하지만 홈페이지의 특성상 디자인 요소의 중요성을 무시할 수는 없다. 다음 장부터는 지금까지의 살펴본 기본 기능을 확장하여 보다 보기 좋은 홈페이지를 만들 수 있는 방법들을 알아볼 것이다.

순식간에 웹 페이지를
꾸며주는 기능들

테마를 선택해보자

홈페이지의 디자인은 다음과 같은 요소들을 모두 고려해야하는 복합적인 작업이다.

- 전달하고자 내용에 적합한 디자인 컨셉
- 웹 페이지의 레이아웃
- 웹 페이지 요소별 상세 디자인

그래픽 디자인만으로 좋은 홈페이지가 완성되는 것도 아니고, 좋은 내용으로만도 원하는 바를 달성하기는 힘들다. 예를 들어 우리의 전통차를 매우 비싼 머그컵에 마시더라도 전통차의 맛은 반감이 될 것이다. 반대로 세계 최고급 커피를 우리의 최고급 고려 청자에 담아 마신다고 해도 그 맛은 역시 반감이 된다. 홈페이지의 근본적인 목적은 효과적인 내용전달에 있다. 내용을 효과적으로 전달하기 위해서는 해당 내용에 적합한 그래픽과 레이아웃 필요하다.

이런 복잡한 홈페이지 설계 작업을 일반인들이 처음 단계부터 시도를 한다는 것은 어려운 일이기도 하거니와 꽤 오랜 시간과 노력을 필요로 한다. 구글 사이트 도구의 주요 목적 중의 하나는 사용자들의 이런 반복적인 노력을 덜어주기 위한 것이다. 홈페이지를 쉽고 빠르게 만들고자 하는 일반인들은 전달하고자 하는 내용에만 충실하기만 하면 된다. 그래픽 디자인이나 구도를 맞추는 작업에 소진되는 시간을 줄일 수 있다.

구글 사이트 도구에서는 '테마'라는 이름으로 여러 가지 홈페이지 디자인 틀을 제공하고 있다. 테마의 개수는 정해져 있지만 주어진 테마 내에서 얼마든지 테마를 변형하는 응용 디자인이 가능하다. 또한 자신이 완성한 자신만의 디자인을 구글 사이트에 공유해 다른 사람들도 쉽게 사용하도록 협력할수 있다. 반대로 다른 사람이 만들어 놓은 우수한 홈 페이지 디자인을 자신이가져와 사용할 수도 있도록 테마 시스템이 구성되어 있다.

지금까지 진행해온 홈 페이지의 테마를 변경해보자. '사이트 관리' 메뉴를선택하고, 사이트 관리 화면에서 '테마'라는 메뉴를 선택하면, [그림 54]와 같

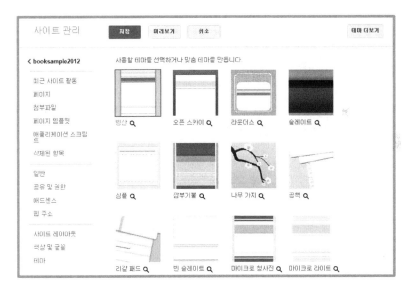

[그림 54] 테마들

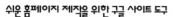

은 테마 선택 화면을 만나게 된다.

이 화면에서는 기본적으로 제공되는 테마를 선택해서 자신의 홈페이지 디자인을 수 초 만에 변경할 수 있다. 이 책을 집필하고 있는 2012년 6월 현재 구글 사이트 도구에서 제공하고 있는 기본 테마는 52개이다. 그렇다고 해서 52 종류의 홈페이지 디자인만 가능한 것은 아니다. 화면을 자세히 보면 '맞춤 테마를 만듭니다.'라는 링크가 보인다. 이 링크를 선택하면 기본적으로 제공되는 테마의 모양을 다양한 방법으로 다시 꾸밀 수 있다. 결과적으로 '테마' 메뉴를 통하여 구현할 수 있는 페이지 디자인의 수는 제한이 없다고 볼 수 있다. 이 뿐만이 아니다. 우측 상단에 보면 '테마 더 보기'라는 메뉴가 보인다.

[그림 55] 테마 더 보기

'테마 더 보기' 메뉴를 클릭해보자.

[그림 55]는 '테마 더 보기'를 클릭했을 때 나타나는 화면이다. 지금까지 보아온 화면과 별반 다르지 않게 보일 수도 있지만, 이 기능이야말로 그 활용성이 무궁무진한 강점을 제공한다. 이 화면에 나타난 홈페이지 형태는 '템플릿'이라고 불리는데, 전 세계의 다양한 사용자들이 자신이 완성한 홈페이지 디자인을 템플릿으로 제출한 것이다.

일단 [그림 55]의 화면에서도 좌측에 있는 '추천', '비즈니스 공동작업'부터 '정부 & 비영리 기관'까지의 범주별로 나타나는 템플릿을 선택만 하면 자신의 홈페이지가 바로 해당 템플릿의 모습으로 변한다. 만약 이 기능을 사용하지 않는다고 가정을 해보자. 여러분이 웹 서핑을 하다가 정말 마음에 드는 홈페이지 디자인을 만났을 경우, 그 디자인을 응용해보고 싶다면 홈페이지 작성 프로그램을 사용하여 일일이 흉내를 내보는 수밖에는 없을 것이다. 그러나 구글 사이트 도구에서는 이 작업이 클릭 한 번으로 해결되도록 지원하기 때문에, 여러분들은 디자인에 소비되는 시간과 노력을 크게 줄일 수 있다.

처음에는 [그림 55]에 나타난 각 범주들을 클릭해 보면서 그리 만족하지 않을 수도 있다. 생각보다 다양한 홈페이지들의 예가 보이지 않으며, 범주별로 제공되는 템플릿의 개수 역시 그 수가 그리 많아 보이지는 않기 때문이다. 그러나 화면에 나타나는 템플릿들은 좌측 하단에 있는 '언어'에 의해 해당 언어로 작성된 것들만 화면에 나타난다. 화면에 보이듯이 현재는 기본적으로 '한국어'가 선택되어 있다. 그러므로 주요 영문 템플릿 몇 개와 한글로 작성된 템플릿만 화면에 나타난다.

이 부분을 '영어'로 바꾸어 보면 사용가능한 템플릿의 개수는 완전히 달라진다. 다른 사용자들이 만들어 놓은 템플릿을 지금까지 우리가 만들어 놓은 홈 페이지에 적용할 때 어떤 결과가 나오는 지를 시험해보자. 영어 이외의 다양한 언어에서 만들어진 템플릿도 사용할 수 있음을 확인하기 위하여 언어를 'Italiano' 즉 이탈리아어를 선택한 후 좌측 범주 항목에서는 '비즈니스 공동작업'을 선택해보자. [그림 56]을 참조하여 우측의 스크롤바를 계속 내리면 새로운 템플릿들이 계속 나타나는데, 신기한 점은 템플릿의 개수가 미리 정해

[그림 56] 이탈리아어의 비즈니스 공동작업 템플릿들

져서 나타나는 것이 아니고 스크롤바를 계속 내리면 끊임없이 나타나기 때문에 전체 템플릿 수를 짐작할 수가 없다는 점이다. 분명한 것은 이미 다른 사용자들이 방대한 양의 템플릿들을 완성해 놓았고, 그런 템플릿들을 활용하는데 한 번의 클릭이면 충분하다는 반가운 사실이다.

본 서에서 진행하고 있는 홈페이지 상태에서 [그림 56]의 템플릿 목록의 두 번째 페이지에 있는 'ASSISTENZA PC'라는 제목의 템플릿을 선택해보겠다. 템플릿의 존재와 수는 유동적이기 때문에 이 글을 읽는 당시에 독자들의 화면에서 'ASSISTENZA PC'를 찾을 수 없다면, 이와 유사한 아무 템플릿이나 선택을 해도 무방하다. 원하는 템플릿을 선택하면 [그림 57]과 같은 질문창이 뜬다. 'Preview template'을 누르면 이 템플릿이 적용된 페이지 모양을 미리 볼 수 있다. '선택' 버튼을 누르면 현재 자신이 작성하고 있는 홈페이지의 디

[그림 57] 선택된 템플릿

자인이 선택된 템플릿 형태로 변한다. 이 창에서 '선택'을 선택하면 다시 '사이트 관리' 창으로 돌아가며, 이 때 반드시 상단의 '저장' 버튼을 클릭해주어야 선택한 템플릿이 유지된다. 변경사항의 저장까지 완료되었으면, 웹 페이지 화면으로 돌아 가보자.

지금까지는 좀 허전하다 싶을 정도로 아무런 장식이 없던 웹 페이지가 [그림 58]과 같이 산뜻한 디자인으로 바뀐 것을 볼 수 있다. 그 것도 클릭 한번으로 전체 디자인이 변경되었다. 이렇게 디자인을 한 번 변경한 후에라도 언제든지 원하는 다른 디자인으로 다시 변경할 수 있다. 그리고 주어진 템플릿의 디자인으로 설정한 상태에서 컬러 조정 등을 통하여 자신만의 웹 디자인으로 변경이 가능하다. 기존의 홈페이지 제작 방식에 비하면 구글 사이트 도구가 웹 디자인에 대한 수고를 얼마나 덜어줄 수 있는 지 이해가 되는 부분이다.

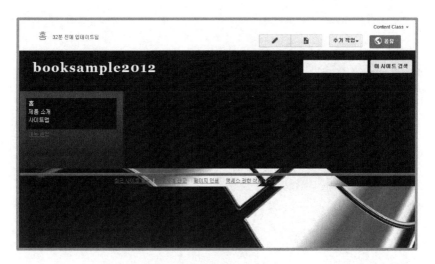

[그림 58] 변경된 페이지 디자인

🔬 테마의 세부 수정 기능

구글 사이트 도구에서 제공하는 무궁무진한 테마와 템플릿 사용방법을 알아보았다. 테마와 템플릿의 사용방법을 간단히 체험해보았지만, 테마를 자유롭게 사용하기 위한 구체적인 사용방법을 알아볼 필요가 있다. 이를 위하여 앞에서 다른 템플릿을 기반으로 변경했던 우리의 웹 페이지를 다시 기본 테마로 모양을 변경하고 상세 설정 방법을 알아보기로 한다. 다시 '사이트 관리' 메뉴를 사용하여 테마 선택화면으로 돌아간다. 테마 선택화면에서 가장 아래 부분으로 화면을 스크롤 하면 [그림 59]와 같은 테마들이 나타나는데 이중 마지막에서 세 번째에 있는 '타일'이라는 테마를 선택해보기로 한다. '타일' 테마는 메뉴와 본문 영역을 깔끔한 박스 형태로 처리해주면서도 전체적

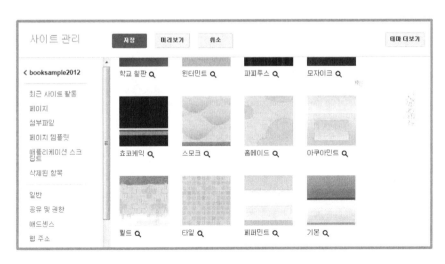

[그림 59] 타일 테마 선택

으로는 심플한 이미지를 주기 때문에 무난하게 사용할 수 있는 테마 중의 하나이다. 이 테마를 선택한 후 선택된 테마의 디자인을 미세하게 조정하는 방법을 알아본다.

'타일' 테마를 선택한 후 상단의 '저장' 버튼을 누르면 선택한 테마가 저장된다. 지금까지의 설명에서는 테마를 선택한 후 바로 페이지 편집화면으로 돌아갔었지만, 이번에는 '테마' 메뉴 바로 위에 있는 '색상 및 글꼴' 메뉴로 들어가도록 한다. '색상 및 글꼴' 메뉴는 [그림 60]과 같은 모습을 하고 있다. 그런데 하단의 미리보기 영역을 보면 앞에서 선택했던 외부 템플릿의 배경 이미지 등이 아직 남아서 본래 '타일' 테마가 제공하는 모양과는 다른 모습을 하고 있을 것이다. [그림 60] 위 부분의 '맞춤 설정 모두 지우기' 메뉴를 선택하면 이전 설정의 영향을 모두 없애고 현재 선택된 테마에서 제공하는 기본적인 색상과 글꼴 형태로 되돌려 놓을 수 있다. [그림 61]은 '타일' 테마를 기본 설정

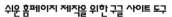

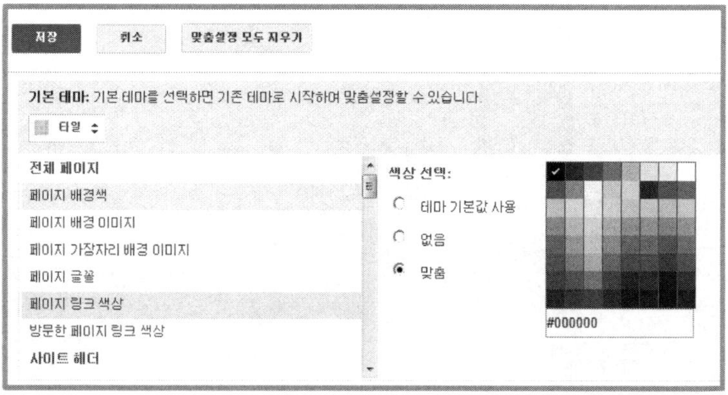

[그림 60] 색상 및 글꼴

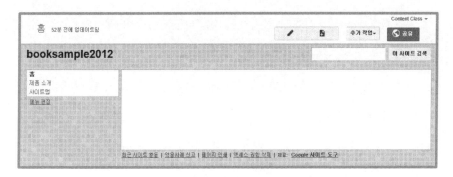

[그림 61] 타일 테마의 기본 모양

으로 되돌려 놓은 후의 웹 페이지 모양이다.

[그림 60]의 화면에는 선택된 테마의 세부 설정을 조정하기 위한 세부 항목들이 나타나 있다. 이 항목들 중 변경을 원하는 항목을 선택하고, 그 우측에 나타나는 항목의 설정을 변경하면 테마의 기본 모습에서 벗어나 다양한 디자인을 만들 수 있다. 웹 페이지는 디자인 컨셉과 내용의 특성에 따라서 다양한 레이아웃으로 구성된다. 구글 사이트 도구에서 역시 기본 테마 형태를 자신이 원하는 레이아웃으로 변경할 수 있다.

사이트 레이아웃 변경하기

레이아웃이라는 용어는 앞에서 설명된 페이지 단(컬럼)의 수를 결정하는 메뉴에서도 사용이 되어 약간 혼란이 있을 수도 있다. 본 섹션에서 설명되는 '사이트 레이아웃'은 한 페이지 내의 레이아웃이 아니라 홈페이지 전체의 구

93

성 형태를 의미한다. 메뉴의 위치, 로고가 들어가는 헤더 영역의 높이, 전체 홈페이지 폭 등이 사이트 레이아웃에서 결정된다. [그림 62]를 참조하여 사이트 관리 화면에서 좌측 하단의 '사이트 레이아웃'이라는 메뉴를 선택해보자. 이 때 우측에 나타나는 화면에서 다시 '사이트 레이아웃 변경' 버튼을 누르면 웹 페이지의 전체적인 내용 배치를 조정할 수 있는 화면이 나타난다.

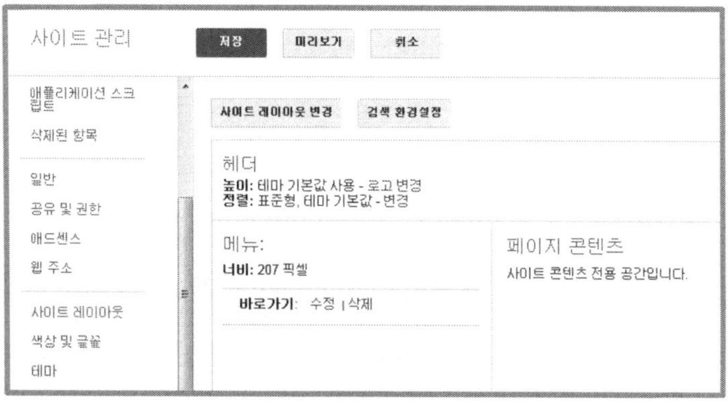

[그림 62] 사이트 레이아웃 메뉴

사이트 레이아웃 변경창의 설정 내용을 살펴보면 [그림 63]과 같다. 먼저 사이트의 너비를 설정하는데, 기본적으로는 현재 선택한 테마의 사이트 너비 값이 입력되어 있다. 현재 테마의 값이 마음에 들지 않는 경우 원하는 값으로 변경이 가능하다.

너비를 지정하는 단위는 픽셀인 경우에는 px(픽셀)를 사용하고, 퍼센트인 경우에는 %를 사용한다. 예를 들어서 이 란에 90%라고 입력을 한다면 사이

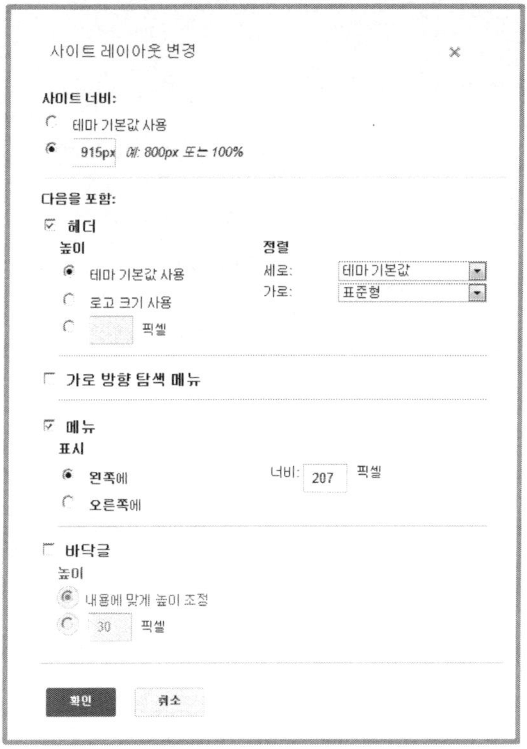

[그림 63] 사이트 레이아웃 변경

트의 너비는 항상 웹브라우저의 현재 너비의 90%로 나타난다. 이 방식은 페이지의 디자인과는 무관하게 내용만을 위주로 운영되는 페이지의 경우 자주 사용되지만, 웹브라우저의 크기가 변경됨에 따라서 페이지의 디자인이 깨질 수도 있기 때문에 홈페이지 디자인 관리에 편리한 방법은 아니다. 반면 이 값을 800px와 같이 고정 값으로 입력한다면 웹브라우저 창의 너비와는 관계없이 페이지는 항상 800픽셀의 일정한 너비를 가지므로 디자인이 깨지지 않는 장점을 가진다.

헤더는 웹 페이지의 상단에 로고가 위치하는 영역을 의미한다. 헤더의 높이도 현재 선택되어 있는 테마에 의하여 기본적으로 정해지지만 사용자의 설정에 의하여 높이 지정이 가능하다. [그림 63]의 설정 창에서 볼 수 있듯이 테마에서 주어진 높이를 사용하는 '테마 기본값 사용'이나 로고 이미지에 맞게 자동으로 높이가 조절되는 '로고 크기 사용'을 선택할 수도 있고, 혹은 직접 높이 픽셀 값을 입력하는 방법을 사용할 수 있다. 그 우측에 위치한 정렬 부분은 로고가 헤더 영역에서 좌, 우, 상, 하 중 어떤 방향으로 정렬될 것인지에 대하여 설정하는 창이므로 필요에 따라 선택해서 사용하면 될 것이다. 테스트를 위하여 헤더 부분의 값은 별 다른 변경 없이 현재 값을 사용하기로 한다.

다음에 위치한 '가로 방향 탐색 메뉴'를 선택하면 지금까지 보아온 좌측에 위치한 메뉴 대신 페이지의 상단에 위치하는 가로 방향 방식의 메뉴를 사용할 수 있는데 이 기능은 잠시 후에 다시 자세히 설명될 것이다.

'메뉴' 항목에서는 좌측에 위치하는 메뉴 영역의 배치를 조정할 수 있다. 체크 란을 해제할 경우 메뉴가 없는 웹페이지가 되며, 그 아래 항목들 중 '왼쪽에'와 '오른쪽에' 선택사항을 사용하면 메뉴를 페이지의 좌측 혹은 우측으로 배치할 수 있으며, 메뉴 영역의 너비 또한 픽셀 단위로 재설정할 수 있음을 볼 수 있다. '가로 방향 탐색 메뉴', 즉 상단에 가로로 배치된 메뉴 방식을 사용하는 경우 이 세로 메뉴 형태는 보조 메뉴로 사용하거나, 혹은 아예 사용하지 않을 수도 있으니 자신의 필요에 따라서 설정하면 된다. 이 값 역시 주어진 기본

값을 사용하기로 한다.

마지막으로 '바닥글' 항목에 체크를 해 놓으면 모든 페이지마다 공통적으로 아래 부분에 나타나는 바닥글 영역을 만들 수 있다. 픽셀값을 주어 바닥글 영역이 나타나도록 설정한다. 사이트 레이아웃에 대한 모든 설정이 끝나면 '확인'을 누르고 현재 창을 종료한다. 만약 바닥글 항목을 체크해 놓았다면, 확인 버튼을 누르고 나가보면 '바닥글 내용 수정'이라는 메뉴가 나타나며, 이 메뉴를 클릭하고 바닥글 내용을 입력할 수 있다. 모든 설정이 끝난 후에는 변경 사항을 저장한다.

현재 선택되어 있는 '타일'이라는 테마는 심플한 박스 형태의 스타일로 디자인이 쉽고 내용의 정리가 편리하여 기본적으로 많이 선택되고 있는 테마이다. 한편 테마의 기본 배경 이미지로는 실제 타일 모양의 복잡한 이미지가 선택되어 있다. '타일' 테마에서는 흔히 이 배경을 삭제하고 사용하는 경우가 많

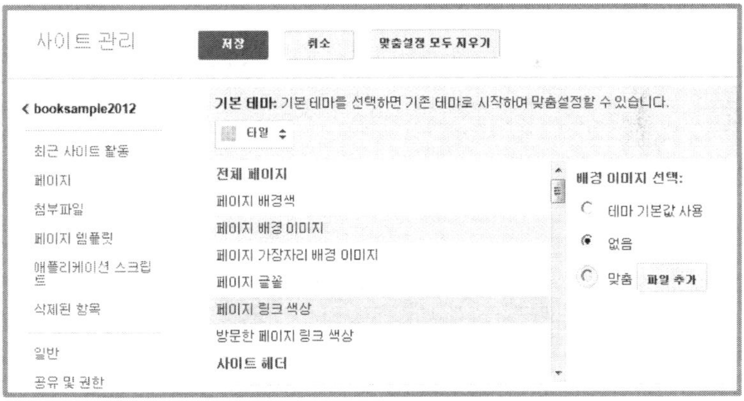

[그림 64] 타일 배경 설정

97

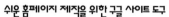

다. 본서에서도 배경 이미지를 없애고 진행하기로 한다. 이를 위하여 사이트 관리화면에서 좌측 하단의 '색상 및 글꼴' 메뉴를 선택한 후, [그림 64]를 참조하여 전체 페이지 부분에 대하여 '페이지 배경색'과 '페이지 배경 이미지'를 없음으로 설정하자.

로고 변경하기

로고는 일반적으로 웹 페이지의 상단에 위치하는 홈 페이지의 상징으로서 상품에 비유하자면 상표와도 같은 역할을 한다. 구글 사이트 도구에서는 간단하게 페이지 헤더에 로고를 삽입할 수 있다. 로고 기능의 테스트를 위하여 로고 이미지가 필요한데, 윈도우에 기본적으로 설치되어 있는 '그림판'과 같은 프로그램을 사용하여 임시로 간단한 이미지를 만들고 'sitelogo.jpg'라는 이름으로 자신의 작업 폴더에 저장을 해두자. 본 테스트에서는 [그림 65]와 같이 300 x 73 크기의 이미지를 만들어서 'sitelogo.jpg'라는 파일명으로 저장하였다. 꼭 이 모양이 아니더라도 자신의 로고 이미지를 만들고 'sitelogo.jpg' 파일로 저장해두자. 파일 이름도 꼭 'sitelogo.jpg'가 아니라도 상관은 없다.

테스트 로고

[그림 65] 테스트용 로고 이미지

로고를 변경하기 위해서는 다시 사이트 관리 화면으로 가서 좌측 메뉴 중 '사이트 레이아웃'을 선택한다. [그림 66]에서와 같이 사이트 레이아웃에 나타나는 설정 사항들 중 중앙의 '로고 변경'이라는 메뉴를 선택한다.

[그림 66] 로고 변경 메뉴

이 때 [그림 67]과 같은 창이 나타나는데, 이 창에서 중앙의 '찾아보기' 버튼을 눌러서 자신의 컴퓨터에 만들어 놓은 로고 이미지 파일을 지정하면 로고가 구글 사이트 도구로 업로드 되면서 로고로 등록된다. 확인 버튼을 누른 후 나가서 다시 변경 사항을 저장하도록 한다.

[그림 67] 로고 구성

현재 진행하고 있는 웹 페이지의 결과를 확인하기 전에 몇 가지 간단한 설정을 더 마무리 해야 한다. 이런 추가 설정들은 자동차에 비유하면 튜닝에 해당하는 것으로서, 구글 사이트 도구에서 제공하는 테마들 역시 홈페이지의 목적이나 사용자들의 취향에 따라 수정이 필요한 부분이 나타난다.

앞에서 로고 이미지를 등록했는데 현재 상태로 웹페이지를 확인해보면 로고 이미지와 함께, 현재 홈페이지를 처음 생성할 때 입력한 사이트 이름 'booktest2012'라는 텍스트가 로고 이미지에 겹쳐서 나타난다. 동일한 영역을 차지하기 때문이다. 이제는 사이트 이름 대신에 로고 이미지를 사용하려고 하기 때문에 사이트 이름이 더 이상 헤더에 출력될 필요가 없다. 홈페이지 제목이 헤더에 출력되는 것을 막기 위해서는 [그림 68]을 참조하여 사이트 관리 화면에서 좌측의 '일반' 메뉴를 선택한 후 나타나는 창에서 '사이트 이름을 페이지 상단에 표시'라는 체크 항목을 꺼 두면 된다. '저장' 버튼을 눌러서 설정 사항을 저장하도록 한다.

사이트 관리	저장	취소		
< booksample2012	사이트 이름			
최근 사이트 활동	booksample2012			☐ 사이트 이름을 페이지 상단에 표시
페이지				
첨부파일	사이트 설명 - 사이트의 목적			
페이지 템플릿				
애플리케이션 스크립트				

[그림 68] 사이트 이름 표시

현재 우리는 '타일' 테마를 선택하여 진행하고 있다. 이렇게 특정 테마가 선택되면 홈페이지의 다양한 특성들이 선택된 테마 방식으로 자동 설정된다. 현재의 '타일' 테마의 경우 링크의 색상이 테마 특성에 의하여 붉은 색으로 보이고 있다. 구글 사이트 도구에서는 메뉴도 링크로 인식되므로 때문에 좌측의 메뉴 역시 붉은 색으로 나타난다. 이를 검정색으로 변경해본다. 사이트 관리 화면에서 좌측의 '색상 및 글꼴' 메뉴를 사용하여 설정화면으로 들어간다. [그림 69]를 참조하여 전체 페이지 항목의 '페이지 링크 색상'을 검정색으로 설정한 후 '저장' 버튼을 눌러서 모든 설정을 마치도록 한다. 메뉴의 색상을 '페이지 링크 색상'으로 조절할 수 있음을 알 수 있다.

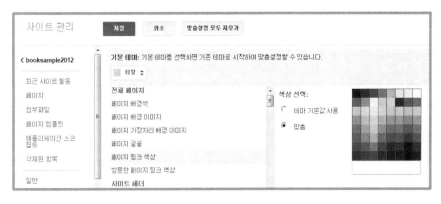

[그림 69] 링크 색상 변경

다시 홈 페이지 화면으로 돌아가 보면, [그림 70]과 같이 페이지의 모습이 변한 것을 볼 수 있다. '타일' 테마의 특성대로 영역별로 박스가 나타나 있으며, 새로 등록한 로고 이미지가 페이지 헤더 부분에 나타나 있는 것을 볼 수 있다. '타일' 테마를 사용하면 심플한 느낌과 함께 차분한 느낌의 내용 전달이 가능한 홈페이지를 구성할 수 있다.

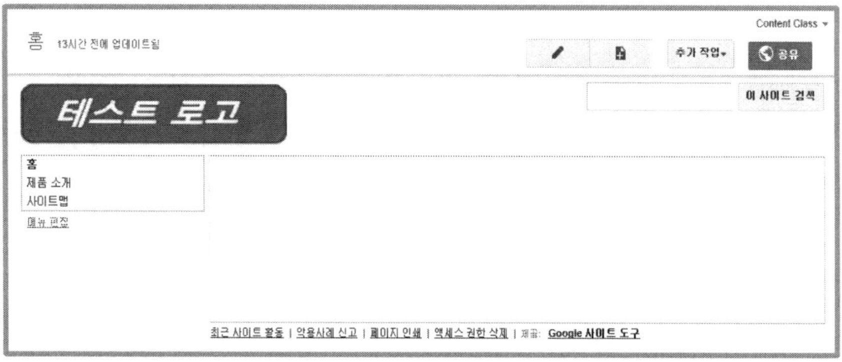

[그림 70] '타일' 테마를 사용한 홈 페이지

가로 방향 탐색 메뉴

구글 사이트 도구로 홈페이지를 생성했을 때 기본적으로는 페이지의 좌측에 세로 방향으로 메뉴가 배치된다. 한편 필요에 따라서는 페이지의 상단에 가로 방향으로 배치되는 메뉴 방식이 필요할 때가 있다. 흔히 비즈니스용 홈페이지들의 경우에는 메뉴를 상단에 가로 방향으로 배치하는 경우를 많이 볼 수 있다.

가로 방향 탐색 메뉴가 나타나도록 하기 위해서는 '사이트 레이아웃 변경'

화면에서 설정을 변경한다. 이 메뉴는 앞에서도 살펴본 바가 있는 화면으로, 사이트 관리 화면으로 이동한 후, 좌측 메뉴들 중 '사이트 레이아웃'을 선택한 후 중앙의 '사이트 레이아웃 변경' 버튼을 누른다. [그림 71]에서와 같이 '가로 방향 탐색 메뉴' 항목을 체크해주고, 그 아래에 있는 기존의 '메뉴' 항목의 체크를 취소시키는 것으로 가로 방향 탐색 메뉴로의 변경은 완료된다. 확인 버튼을 누른 후 나가서 저장 버튼을 누르자.

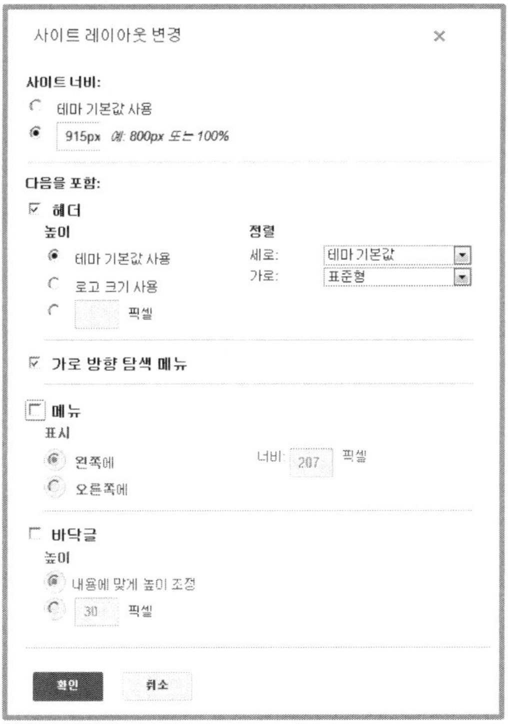

[그림 71] 가로 방향 탐색 메뉴 선택

가로 방향 탐색 메뉴도 기존의 메뉴와 같이 메뉴 내용의 수정이 가능하다. 내용 수정을 위하여 사이트 관리 화면에서 좌측의 '사이트 레이아웃' 메뉴를 선택한다. 이때 [그림 72]와 같은 화면이 나타나는데 이전에 보던 메뉴 모양과는 달리 중앙에 '가로 방향 탐색 메뉴'라는 항목이 나타나 있는 것을 볼 수 있다. 가로 방향 탐색 메뉴의 수정을 위하여 그 아래에 위치한 '가로 방향 탐색 메뉴 콘텐츠 수정' 링크를 클릭한다.

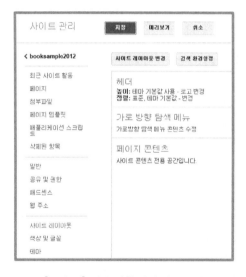

[그림 72] 가로 방향 탐색 메뉴 수정

가로 방향 메뉴 수정을 위한 가로 방향 탐색 속성 창이 [그림 73]과 같이 나타나는데, 이 화면 역시 이전의 메뉴 수정 화면과 유사하며, 아래 부분에 '스타일' 항목이 추가되어 있는 점만 다르다. 스타일 부분에는 기본적으로 '상자'

가 선택되어 있다. 이 외에 '탭'과 '링크'와 같은 다른 형태의 선택도 가능하다.
본 서에서는 기본적으로 선택되어 있는 '상자'를 선택하도록 한다. '상자'는
우리가 웹 서핑 중 만날 수 있는 가장 일반적인 메뉴 항목 형태이다. 확인 버
튼을 누른 후 나가서 변경사항을 저장한다. 또한 [그림 73]에서 눈 여겨 봐야
하는 부분은 표시할 페이지 영역에 '홈' 하나만 들어있다는 점이다. 나머지 페
이지들은 '페이지 추가' 버튼을 사용하여 직접 추가해 주어야 가로 방향 탐색
메뉴에 나타나게 된다. 향후에 추가할 페이지들에 대해서도 이 화면을 통해
서 직접 추가해주어야 한다는 점을 기억해 두자.

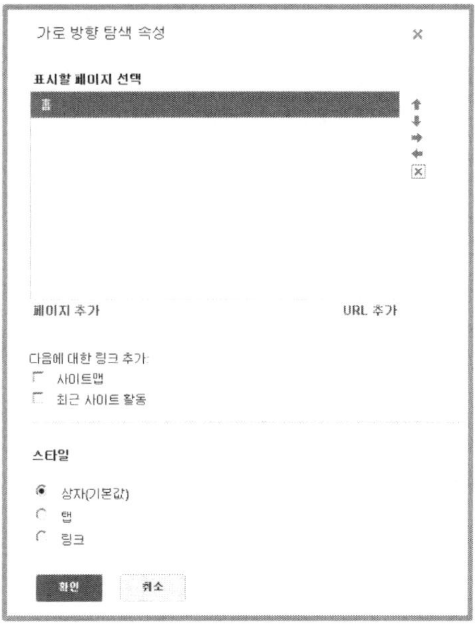

[그림 73] 가로 방향 탐색 속성

메뉴와 마찬가지로 가로 방향 탐색 메뉴 역시 메뉴 상에 나타나는 텍스트의 색상을 변경할 수 있다. 현재 선택되어 있는 테마 '타일'의 영향을 받아 가로 방향 선택 메뉴의 글자 색상도 붉은 색으로 나타나다. 이 색상을 검은색으로 변경해보자. 사이트 관리 화면에서 '색상 및 글꼴' 메뉴로 들어가 보면, [그림 74]와 같이 '가로 방향 탐색'에 대한 설정 항목을 찾을 수 있다. 여기에서 '가로 방향 탐색 항목의 텍스트 색상'을 검은색을 설정하고 변경 사항을 저장한다.

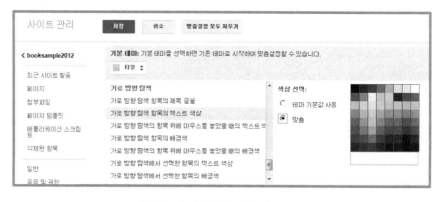

[그림 74] 가로 방향 탐색 메뉴 색상

홈페이지 화면으로 돌아가서 결과를 확인해보자. [그림 75]를 보면 이전까지 좌측에 보였던 메뉴들이 화면의 상단에 가로 방향으로 배치된 것을 볼 수 있다. 메뉴에 관련해서는 지금까지 살펴본 좌측 메뉴 방식과 가로 방향 메뉴 방식 정도면 대부분의 홈페이지에 필요한 메뉴 기능은 해결될 것이다. 또한 이 두 가지 방식 모두 각각 메뉴 별로 하위 메뉴를 만들 수 있기 때문에 처리할 메뉴 항목이 많더라도 상위 메뉴와 하위 메뉴의 구성을 적절히 조절하면 디자인을 유지하면서도 필요한 메뉴를 충분히 구성할 수 있다. 하위 메뉴를 만드는 방법은 앞에서 설명된 세로 방향 메뉴에서 하위 메뉴를 만드는 방법과 동일하다.

[그림 75] 완성된 가로 방향 탐색 메뉴

메뉴에 관련하여 하나 알아두어야 할 사항은 가로 방향 탐색 메뉴가 인터넷 익스플로러 버전 6 웹브라우저에서는 정확히 작동하지 않고 세로 형태로 나타난다는 점이다. 인터넷 익스플로러 6.0보다 이후 버전들에서는 문제 없이 작동한다. 또한 파이어폭스, 크롬, 사파리, 오페라 등과 같은 웹 브라우저에서는 정상 작동을 한다. 인터넷 익스플로러 버전 6은 이제 거의 사라져가고 있는 버전이니 향후의 홈페이지 개발에는 가로 방향 탐색 메뉴의 사용에 문제는 없을 것이다.

배경 화면 꾸미기

웹 페이지의 첫 인상을 좌우하는 가장 큰 디자인 요소 세 가지는 페이지 레이아웃, 로고, 배경화면정도이다. 이 중 페이지 레이아웃과 로고를 변경하는 방법은 앞에서 살펴보았다. 이번에는 홈페이지의 배경을 꾸미는 방법에 대하여 알아본다. 구글 사이트 도구의 배경화면은 단순히 페이지 배경 화면 하나만 지정하는 것이 아니고, 페이지의 각 요소별로 각각에 대한 배경을 세밀하게 지정할 수 있도록 되어 있다. 예를 들면 하나의 페이지는 크게 전체 페이지 배경, 헤더 영역 배경, 메뉴 영역 배경, 콘텐츠(본문) 영역 배경 등으로 나누어지며 이 각각에 배경색이나 배경 이미지를 지정할 수 있다.

배경 화면에 이미지를 넣을 때는 전체를 하나의 이미지로 지정할 수도 있고, 작은 타일 이미지를 사용하여 전체 배경에 반복을 시킬 수도 있다. 본서에서는 [그림 76]과 같이 230 x 230 픽셀 크기를 가지는 이미지를 하나 준비하여 사용을 할 것이다. 독자 여러분들도 윈도우에 있는 그림판이나 포토샵을 사용하여 유사한 크기의 이미지를 준비해보자. 이미지 크기 역시 정해져 있는 규칙은 없으니 적절한 크기를 선택해보면 된다. 혹은 인터넷에서 적절한 크기의 이미지를 구해서 테스트해보면 되겠다. 물론 이미지는 본 서에서와 같이 배경에 이미지를 반복 출력하기 위한 작은 크기를 사용해도 되고, 배경 전체에 하나의 벽지와 같이 사용할 큰 이미지를 사용해도 무방하다.

[그림 76] 배경 타일 이미지

배경화면으로 사용할 이미지가 준비되었다면 사이트 관리 화면에서 '색상 및 글꼴'메뉴를 누르고, [그림 77]을 참조하여 '전체 페이지' 부분의 '페이지 가장자리 배경 이미지'를 선택한다. 이 때 만약 배경에 이미지를 사용하지 않고 단순히 색상만 바꾸고자 한다면 '페이지 배경색'을 선택하면 된다. '페이지 가장자리 배경 이미지' 항목의 우측을 보면 '찾아보기' 버튼이 있다. 이 버튼을 사용하여 자신의 컴퓨터에 준비해놓은 배경 이미지를 선택해서 업로드 한 후 변경 사항을 저장하면 배경화면에 이미지가 나타난다. 본 서의 예에서는 작은 이미지를 반복하여 배경을 채우는 방식을 선택했기 때문에 배경 이미지 선택 란 아래의 '반복' 항목을 '바둑판식'으로 지정하여 상하, 좌우로 이미지가 반복되도록 했다. 이 선택 사항은 자신의 홈페이지 배경 이미지 특성에 따라서 조절하여 사용하면 된다.

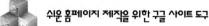

배경화면 설정 메뉴에서 한 가지 혼동이 될 수 있는 부분은 '페이지 가장자리 배경 이미지'와 '페이지 배경 이미지'의 차이이다. 결론을 먼저 말하자면 웹 페이지 배경을 처리할 때는 '페이지 가장자리 배경 이미지'를 사용할 것을 권한다. '페이지 배경 이미지'는 웹 페이지 편집화면으로 이동했을 때 편집 버튼을 포함한 전체 편집 화면의 배경 이미지를 말한다. '페이지 배경 이미지'는 위 쪽 영역이 편집 버튼이나 메뉴 뒤까지 배치되어 일반 사용자가 보는 배경 화면과는 약간의 차이를 보인다. '페이지 배경 이미지'를 만들어 놓은 이유는 웹 페이지를 회사 내에서 협업을 위하여 사용하는 경우의 화면 배경을 위해서 만들어 놓은 것이므로, 일반 사용자를 위한 웹 페이지에서는 '페이지 가장자리 배경 이미지'를 사용하는 것이 실제 사용자들이 보는 모양과 일치된다.

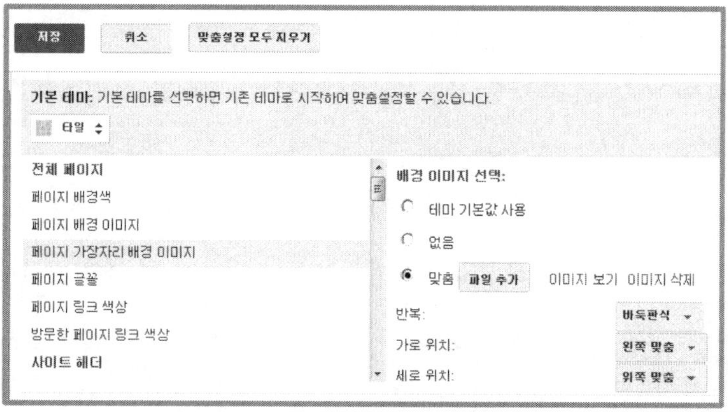

[그림 77] 페이지 배경 이미지 설정

[그림 78] 배경 이미지가 삽입된 페이지 결과

지금까지 설정한 웹 페이지의 결과를 보면 [그림 78]과 같은 모습으로 나타
난다. 배경 이미지를 설정했지만 페이지 콘텐츠(본문) 부분 등에는 배경화면
이미지가 나타나지 않고 흰색 영역으로 나타나 그다지 보기에 좋지 않은 모
습을 하고 있다. 이는 구글 사이트 도구로 배경화면을 구성할 때는 다음과 같
은 네 가지 부분을 고려해서 서로 조화되도록 해야 하는데, 페이지 전체 배경
이미지만 단독으로 설정했기 때문에 발생된 결과이다.

- 전체 페이지 배경화면
- 페이지 헤더 배경화면
- 페이지 콘텐츠 배경화면
- 메뉴 부분 배경화면

위의 각 영역들에 대하여 각자의 배경화면을 가지도록 설정 할 수도 있고, 갖지 않도록 설정할 수도 있다. 본 서의 예에서는 전체 페이지의 배경화면 하나만을 사용한다고 가정을 하고 나머지 배경화면의 색상이나 이미지를 없애보도록 하겠다. 여기에서 없앤다는 의미는 투명하게 만든다는 의미와 동일하다.

사이트 관리 화면에서 [그림 79]을 참조하여 다음 항목들을 각각 선택한 후 우측의 선택 부분을 모두 '없음'으로 선택해주면 각 영역의 배경화면은 투명으로 처리되고 전체 페이지의 배경화면이 각 영역에도 적용되게 된다. 다음은 자신의 배경을 가질 수 있는 요소들의 목록이다. 이 모두의 배경을 모두 없앨 것인지, 일부만 없앨 것인지는 웹 페이지의 컨셉에 맞게 결정하면 된다.

(1) 사이트 헤더 배경색

(2) 사이트 헤더 배경 이미지

(3) 콘텐츠 배경색

(4) 콘텐츠 배경 이미지

(5) 메뉴 가젯 배경색

(6) 메뉴 가젯 헤더 배경색

(7) 메뉴 가젯 헤더 배경 이미지

(8) 가로 방향 탐색 항목의 배경색

(9) 가로 방향 탐색의 항목 위에 마우스를 놓았을 때의 배경색

(10) 가로 방향 탐색에서 선택한 항목의 배경색

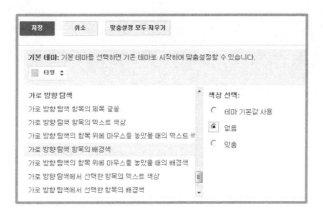

[그림 79] 각 요소들의 배경 없애기

본 서의 예에서는 위에 열거한 전체 배경화면을 가릴 수 있는 요소의 배경들 중 1번~7번 항목까지만 모두 없는 것으로 처리하도록 했다. 가로방향 메뉴에 해당되는 배경까지 모두 보이지 않도록 하면 메뉴의 식별이 어려워지기 때문이다. 이에 대한 결과 화면은 [그림 80]과 같다. 화면 전체가 페이지 배경으로 채워진 것을 볼 수 있다.

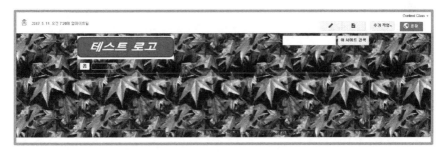

[그림 80] 각 배경 요소가 투명처리된 결과

참고로 로고 이미지를 둘러싸고 있는 흰색 배경은 로고 이미지 파일 자체 내에 존재하는 흰색 영역이다. 이렇게 로고 이미지의 배경이 흰색으로 나타 나는 현상을 처리하기 위해서는 다음과 같은 세 가지 방법을 사용할 수 있다.

(1) 로고 이미지의 배경 부분의 알파 채널을 투명으로 처리 후 png파일로 저장하여 사용. (이 경우는 그래픽 도구에 대한 지식을 가지고 있는 경 우에 한함)

(2) 헤더 부분을 투명처리하지 않고 헤더용 배경 이미지를 만들어서 헤더 배경으로 사용. 이 때 로고는 헤더 배경 이미지에 포함하여 미리 디자 인하고, 별도의 로고 이미지를 등록하지는 않음.

(3) 페이지 배경 전체를 벽지와 같이 하나의 이미지로 사용. 이 때 로고 이 미지가 페이지 배경 이미지에 자연스럽게 포함되도록 페이지 배경내 에 디자인함. 이 경우 역시 별도의 로고 이미지를 업로드하지 않고 페 이지 배경에 미리 삽입하는 방식임.

위 방법들 중 가장 흔히 사용되는 방법은 세 번째 방법이다. 페이지 전체에 대한 디자인을 간편하게 처리할 수 있기 때문이다. 페이지 전체 배경이미지 를 디자인할 때는 메뉴 영역의 배경색상을 미리 예상하여 서로 어울리도록 색상을 맞출 필요가 있다.

또 하나 중요한 점은 페이지 전체를 하나의 이미지로 사용할 경우에는 메뉴, 헤더, 콘텐츠 영역의 배경을 모두 투명하도록 처리해야 하는데, 일반적인 테마에서는 콘텐츠 영역의 배경을 투명하게 만들 수 없다. 콘텐츠 영역까지 모두 투명하게 만들기 위해서는 반드시 '빈 슬레이트'라는 테마를 사용해야 한다. [그림 83]은 페이지 전체에 하나의 배경 이미지를 사용할 때 적용할 수 있는 배경 이미지의 예이다. 이미지 전체를 사용하여 페이지 전체를 자연스럽게 디자인하는 방법은 약간의 테크닉들이 필요한데, 본서의 뒷부분에서 비즈니스 형 페이지 스타일의 레이아웃을 만들어보는 실전 부분에서 다루어질 것이다.

[그림 81] 페이지 전체 배경 이미지 형식의 예

테마 디자인 항목들

지금까지 선택한 테마를 커스터마이징하기 위한 대표적인 방법으로 사이트 레이아웃, 메뉴, 로고, 배경 이미지 등을 변경하는 방법을 알아보았다. '색상 및 글꼴' 메뉴에서는 이외에도 더 자세한 설정이 가능하도록 상세한 설정 항목들을 만들어 놓았다. 앞에서 살펴본 몇 가지 사항에 대한 변경 방법을 이했다면 나머지 항목들도 동일한 방법을 통하여 변경할 수 있을 것이다. 테마의 커스터마이징을 위해 변경이 가능한 항목들은 다음과 같다.

- **전체 페이지**
- 페이지 배경 이미지
- 페이지 가장자리 배경 이미지
- 페이지 글꼴
- 페이지 링크 색상
- 방문한 페이지 링크 색상

- **사이트 헤더**
- 사이트 제목 글꼴
- 사이트 제목 글꼴 크기
- 사이트 제목 색상

- 사이트 헤더 배경색
- 사이트 헤더 배경 이미지

■ 콘텐츠 영역

- 콘텐츠 글꼴
- 콘텐츠 글꼴 크기
- 콘텐츠 텍스트 색상
- 콘텐츠 제목 글꼴
- 콘텐츠 제목 글꼴 크기
- 콘텐츠 제목 색상
- 콘텐츠 헤더 글꼴
- 콘텐츠 배경색
- 콘텐츠 배경 이미지

■ 콘텐츠 영역 가젯

- 콘텐츠 가젯 제목 글꼴
- 콘텐츠 가젯 제목 글꼴 크기
- 콘텐츠 가젯 글꼴
- 콘텐츠 가젯 텍스트 색상
- 콘텐츠 가젯 링크 색상

- 콘텐츠 가젯 배경색
- 콘텐츠 가젯 헤더 텍스트 색상
- 콘텐츠 가젯 헤더 배경색
- 콘텐츠 가젯 헤더 배경 이미지
- 콘텐츠 가젯 구분선 색상

■ 메뉴 가젯

- 메뉴 가젯 글꼴
- 메뉴 가젯 제목 글꼴
- 메뉴 가젯 제목 글꼴 크기
- 메뉴 가젯 텍스트 색상
- 메뉴 가젯 링크 색상
- 메뉴 가젯 배경색
- 메뉴 가젯 헤더 텍스트 색상
- 메뉴 가젯 헤더 배경색
- 메뉴 가젯 헤더 배경 이미지
- 메뉴 가젯 줄 구분선 색상

■ **탐색 가젯**

• 현재 페이지의 배경 색상 탐색

• 현재 페이지의 글꼴 색상 탐색

■ **가로 방향 탐색**

• 가로 방향 탐색 항목의 제목 글꼴

• 가로 방향 탐색 항목의 텍스트 색상

• 가로 방향 탐색의 항목 위에 마우스를 놓았을 때의 텍스트 색상

• 가로 방향 탐색 항목의 배경색

• 가로 방향 탐색 항목 위에 마우스를 놓았을 때의 배경색상

• 가로 방향 탐색에서 선택한 항목의 텍스트 색상

• 가로 방향 탐색에서 선택한 항목의 배경색

■ **가로 방향 탐색 드롭다운 메뉴**

• 가로 방향 탐색의 드롭다운 텍스트 색상

• 가로 방향 탐색의 드롭다운 배경 색상

구글 사이트 도구의

막강 기능들

홈페이지 폴더 구성 알아보기

기존의 홈페이지 제작 방식에서는 개발자의 컴퓨터에서 작성된 홈페이지 파일들을 서버로 전송한 후 결과를 확인한고, 수정이 필요한 경우에는 다시 개발자의 컴퓨터에서 수정한 후 다시 서버로 전송하는 파일 관리 작업이 필요하다. 어떻게 생각하면 간단한 작업일 수 도 있겠지만, 하나의 홈페이지를 완성하기 위해서는 수 백, 수 천 번 이상의 결과 확인 과정이 필요하기 때문에 파일관리에 소요되는 시간은 막대하다고 할 수 있다. 하지만 구글 사이트 도구에서는 이 부분마저 자동으로 처리된다. 사용자가 인식하지 못하는 사이에 알아서 파일 이름을 생성하고 필요한 위치에 파일을 위치시킨다.

한편 이렇게 자동으로 처리되는 파일들이라도 필요에 따라서는 그 파일들의 위치를 직접 확인하고 접근을 해야 할 필요도 발생한다. 구글 사이트 도구가 생성하고 관리해주는 폴더 구성을 확인해보자. 구글 사이트 도구에서 관

[그림 82] 페이지 보기 메뉴

리하는 폴더 방식도 우리가 흔히 컴퓨터에서 사용하는 트리 형태의 폴더 방식과 크게 다르지는 않다. [그림 82]를 참조하여 '작업선택'메뉴에서 '사이트 관리'메뉴를 선택한 후 좌측의 부 메뉴들 중 '페이지'를 선택해보자.

'페이지' 메뉴를 선택하면 [그림 82]와 같이 우측 공간에 현재 홈페이지를 구성하는 페이지들이 나타난다. 앞에서 생성해 놓은 페이지가 두 개밖에 없기 때문에 현재 화면에는 '홈'과 '제품 소개'라는 두 개의 페이지만 보인다. 이 화면에서 원하는 페이지를 클릭하면 바로 선택한 페이지의 편집 화면으로 들어간다.

이 '페이지' 메뉴가 필요한 또 하나의 중요한 이유는 모든 페이지를 메뉴를 통해서 접근할 수 있는 것은 아니기 때문이다. 지금까지 작업했던 두 개의 웹 페이지는 모두 메뉴에도 나타나도록 설정했기 때문에 해당 웹 페이지를 편집하고자 하는 경우 메뉴를 클릭하면 편집이 가능하다. 하지만 전체 홈페이지의 메뉴에는 나타나지 않더라도 내부 링크들로 연결된 많은 페이지들이 존재할 수 있다. 그 페이지들을 선택하고 편집하기 위해서는 이 '페이지' 메뉴를 사용해서 접근해야 한다.

앞의 설명에서 구글 사이트 도구에서 새 페이지를 생성할 때 홈페이지 화면에서 '페이지 만들기' 메뉴를 선택하면 [그림 83]과 같은 새 페이지 만들기 볼 수 있었다. 이 화면의 아래 부분을 보면 새 페이지가 추가되는 위치를 지정할 수 있도록 되어 있는데, 최상위 수준, 즉 가장 위 폴더에 페이지를 생성할 수도 있고 특정 페이지 하위 위치에 페이지를 생성할 수도 있도록 되어 있다.

특정 페이지의 내용과 관계가 있는 하위 내용의 페이지들만을 별도의 위치에
관리하고자 할 경우에는 이 메뉴를 사용하면 간편하게 정리할 수 있다.

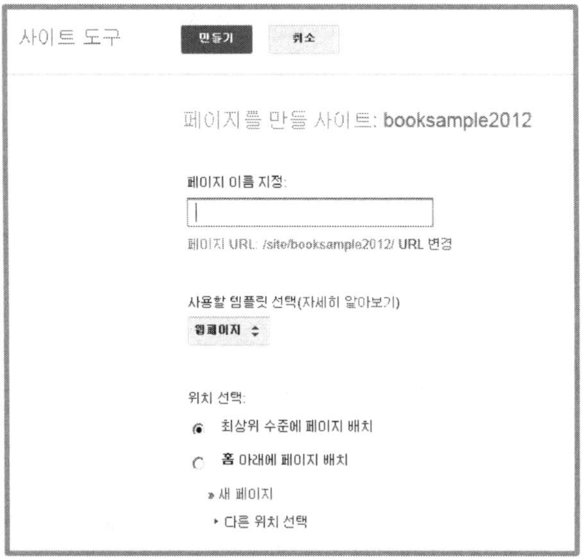

사이트 도구   **만들기**   취소

페이지를 만들 사이트: **booksample2012**

페이지 이름 지정:

[   ]

페이지 URL: /site/booksample2012/ URL 변경

사용할 템플릿 선택(자세히 알아보기)

웹페이지 ⬍

위치 선택:

◉ 최상위 수준에 페이지 배치

◯ 홈 아래에 페이지 배치

　》 새 페이지

　▸ 다른 위치 선택

[그림 83] 새 페이지 만들기 위치

한 폴더에 모든 페이지를 보관해 놓는 방법은 향 후 페이지가 많아질 경우
관리가 복잡해지므로 좋은 방법은 아니다. 하지만 홈페이지 개발 초기부터
모든 페이지의 배치에 대한 완벽한 설계를 하기란 어려우며, 차후 폴더를 재
구성해야 하는 일도 발생하기 마련이다. 이런 경우에는 이미 배치가 완료된
각 웹 페이지의 위치를 이동할 일도 발생한다. 이 경우 사용할 수 있는 것이
'페이지 이동' 기능이다. 단 홈페이지 방문 시 최초로 보여 지는 기본 페이지

는 이동이 불가능하다. 예를 들면 현재 본서에서 진행하고 있는 예제 홈페이지는 '홈'과 '추가정보' 두 개로 구성된다. 이 중 '홈'은 홈페이지 방문 시 기본적으로 나타나는 페이지이므로 이동이 불가능하다. 페이지 이동 기능 테스트를 위하여 '제품 소개' 메뉴를 클릭한다.

물론 사이트 관리 기능을 통해 홈페이지 방문 시 최초에 나타나는 페이지는 다른 것으로 변경할 수도 있다. 예를 들어 최초에 나타나는 페이지를 '제품 소개'로 변경해 놓으면 '홈' 페이지는 이동이 가능해진다.

다시 홈페이지 화면으로 돌아가서 [그림 84]와 같이 우측 상단의 '작업 선택' 메뉴를 누르면 중간에 '페이지 이동'이라는 메뉴가 보이는데, 이 메뉴는 '홈'과 같은 기본 페이지에서는 보이지 않는다. 기본 페이지를 제외한 나머지 페이지들은 본 메뉴를 사용하여 원하는 폴더로 위치를 이동하여 홈페이지 파일들의 위치를 재구성 할 수 있다. '페이지 이동' 메뉴 선택 후 나타나는 창에

[그림 84] 페이지 이동 메뉴

서 원하는 폴더 위치를 선택하면 이동은 완료된다.

　이 때 생각해보아야 할 중요 사항이 있다. 홈페이지 내의 페이지들의 위치를 이동할 때 서로 연결된 링크들에 대한 처리 문제가 발생한다. 구글 사이트 도구에서는 이런 문제를 아주 간단하게 처리해준다. 기존의 홈페이지 작업 방식에서는 페이지의 위치가 바뀌면 이전에 연결해 놓은 링크들을 모두 수정해주어야 하지만, 구글 사이트 도구에서는 페이지 변경에 따른 링크의 재구성을 자동으로 해주기 때문에 사용자는 단지 페이지를 원하는 위치로 이동시키는 것으로 모든 링크 관련 문제가 해결된다. 이런 강점들이 있기 때문에 구글 사이트 도구에서는 홈페이지의 유지 및 관리에 소요되는 시간과 업무량을 크게 줄일 수 있게 된다.

첨부 파일 관리하기

　페이지에 첨부되는 자료들, 예를 들면 페이지에 삽입된 이미지나 페이지에 직접 첨부한 파일들을 관리하는 기능을 알아보자. 참고적으로 페이지 로고나 배경화면을 위한 배경 이미지 등은 첨부파일로 분류되지 않고, 디자인 차원에서 구글 사이트 도구가 별도로 관리한다. 앞에서 진행해본 실습 예제에서 'googleimage.jpg'라는 이미지를 웹 페이지에 삽입한 적이 있었다. 이 이미지를 페이지에 삽입하고 http://www.google.com으로 링크가 연결되도록 구현하였었다. 현재는 페이지에서 이 이미지는 삭제되어 있지만, 이 이미지 파일은 구글 사이트 도구의 '첨부파일' 영역에 보관되어 있다. 독자 여러분이 다른 이미지 파일명을 사용했다면 그 파일명이 첨부파일 영역에 있을 것이다. 첨부파일 영역에 이 파일이 있는 지를 확인하는 방법을 알아보자.

편집 화면에서 우측 상단의 '추가 작업' 메뉴에서 '사이트 관리' 메뉴를 선택한 후, 사이트 관리 화면의 좌측의 '첨부파일' 메뉴를 선택하면 [그림 85]와 같은 화면을 볼 수 있다. 화면의 우측에는 'googleimage.jpg'라는 첨부파일이 한 개 보인다. 첨부파일의 이름과 이 첨부파일이 사용된 페이지의 위치, 크기 등이 함께 나타난다. 각 첨부 파일들에 대하여 상단의 메뉴를 사용하여 새로 업로드, 바꾸기, 이름 변경, 위치 이동, 삭제 등의 처리를 할 수 있다.

첨부파일 영역의 파일들을 보거나 다운로드 받을 수 있다. 또한 상단의 '업로드' 버튼을 사용하여 직업 파일을 업로드할 수도 있다. 첨부파일 영역은 음악이나 플래시 파일을 플레이하기 위한 경우 멀티미디어 파일을 보관하는 용도로도 사용된다. 본서의 후반에 설명되는 플래시 파일을 웹 페이지에 사용하는 경우 먼저 플래시 파일을 첨부파일 영역에 올려놓은 후 플래시 파일에 대한 링크를 걸게 된다. 또한 mp3 파일과 같은 음악 파일도 첨부파일 영역에 올려놓은 후 플레이어에 mp3 파일의 위치를 지정하는 방식으로 사용된다. 예를 들어서 첨부파일 영역에 song.mp3라는 파일을 올려놓으면 그 파일의 위치 접근은 'http://sites.google.com/site/booksample2012/song.mp3'와 같은 방식으로 사용할 수 있다. (booksample2012 부분은 본서에서 진행하고 있는 사이트 이름이며, 독자 여러분들은 각자의 사이트 이름을 사용해야 한다.)

[그림 85] 첨부 파일 영역

템플릿의 생성과 재사용

홈페이지는 적게는 수 개부터 많게는 수 백, 수 천 개까지의 페이지들로 구성된다. 각 페이지들의 모양은 홈페이지의 컨셉에 맞게 일관성을 유지하며 구성될 것이다. 이렇게 여러 개의 페이지들의 모양을 일정하게 유지하기 위해서는 어떤 작업이 필요할까? 예를 들어서 하나의 페이지를 정성들여 설계하여 페이지의 레이아웃과 디자인을 완성해 놓았다고 가정해보자. 이와 같은 모양의 페이지를 하나 더 생성하고 싶다. 만약 페이지 만들기 기능을 사용하여 빈 페이지를 만든 후 처음부터 다시 페이지 설계 작업을 진행한다면 효율과 일관성이 떨어짐은 물론 모든 페이지들에 대한 설계 작업을 매 페이지마다 한다는 것은 불가능할 수도 있다.

구글 사이트 도구에서는 원하는 페이지의 모양을 '템플릿'이라는 방법으로 저장해 놓을 수 있다. 템플릿은 우리말로 표현하자면 '틀'로 해석된다. 반죽을 틀에 넣고 빵을 만들면 빵은 항상 일정한 모양을 유지하게 된다. 웹 페이지 역시 특정 템플릿을 사용하여 생성하면 항상 일정한 모양을 유지할 수 있다. 여러분이 현재 실습을 하고 있는 예제의 페이지도 템플릿으로 저장한 후 다시 새로운 페이지를 만들 때 재사용할 수 있다. 구글 사이트 도구의 템플릿 기능은 각 페이지의 일관성을 유지할 수 있도록 해주고, 새로운 페이지를 설계하는 노력을 줄여준다.

예제로 사용하고 있는 현재 페이지는 템플릿으로 저장하기에는 너무 간단한 형태이므로 다음과 같은 절차를 통해 템플릿으로 사용하기 위한 페이지를 준비해보자.

- '작업 선택' 메뉴의 '사이트 관리' 메뉴를 사용하여 사이트 관리 화면으로 이동 후 '색상 및 글꼴'을 메뉴를 선택한다.
- '페이지 가장자리 배경 이미지' 항목을 '없음'으로 선택하여 현재의 배경 이미지를 삭제한다.
- 변경사항 저장 후 '사이트로 돌아가기' 메뉴를 사용하여 페이지 편집 화면으로 이동한다.
- 페이지 편집 모드로 들어간다.
- '레이아웃' 메뉴에서 '2열(단순)'을 선택하여 본문 영역이 2열로 구성되도록 만든다.

- 삽입 메뉴를 사용하여 좌측 컬럼에는 임의의 이미지를 삽입한다. 본서의 예제에서는 'googlesite.jpg'를 삽입하도록 하였다.

- 우측 컬럼에는 [그림 86]을 참조하여 적절한 분량의 글을 입력한다.

- '저장' 버튼을 눌러서 현재까지 편집한 페이지를 저장한다.

위의 수정 내용을 마치면 '추가 정보' 페이지는 [그림 86]과 같이 2열 레이아웃 형태의 페이지로 변경된다.

[그림 86] 템플릿 생성을 위한 페이지

수정이 끝난 페이지를 재사용이 가능한 템플릿으로 지정하기 위해서는 '추가 작업' 메뉴의 하위 메뉴 '페이지 템플릿으로 저장'을 선택한다. [그림 87]과 같은 화면이 나타나면, 이 화면에서 생성할 템플릿에 대한 이름과 설명을 입

력할 수 있다. 본 예에서는 템플릿 이름으로는 '나의 템플릿'을 설명으로는

'나의 시험용 템플릿'을 입력하였다. 독자 여러분들도 적절한 내용을 입력해

보자. 입력이 끝나면 '저장' 버튼을 눌러서 템플릿으로 저장한다. 그 다음 화

면에 나타나는 템플릿 편집 화면에서 다시 '저장' 버튼을 누르면 템플릿의 저

장은 완료된다.

　템플릿 저장이 완료된 후에는 [그림 88]과 같은 템플릿 결과 화면에 위치하

게 된다. 이 상태에서 템플릿의 모양을 추가적으로 수정할 수 있다. 우측 상

단의 '저장' 버튼을 누르면 템플릿 생성은 완료된다. 한편 템플릿 저장 후에는

[그림 89]와 같은 템플릿 편집 화면이 나타나는데, 방금 전 생성한 템플릿의

편집 상태라고 보면 된다. 추가로 편집할 것이 있으면 이 화면에서 편집을 진

행하고, 더 이상 편집할 내용이 없으면 좌측 상단의 템플릿 이름 좌측의 화살

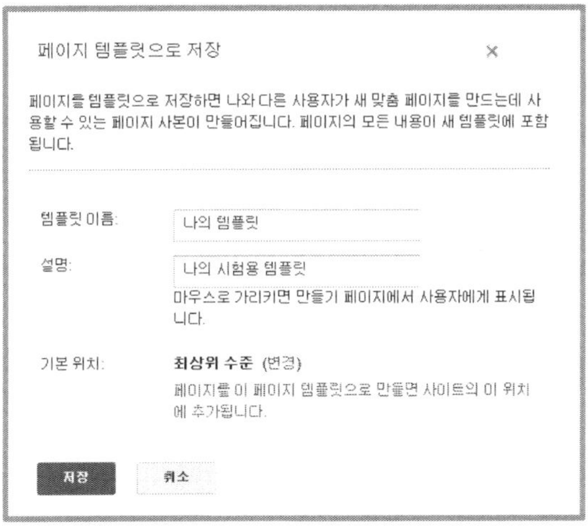

[그림 87] 템플릿으로 저장하기

[그림 88] 템플릿 편집 화면

표를 누른다. (템플릿 이름 위로 마우스 포인터를 이동해야 이 화살표가 나타
난다.) 이 화살표를 누르면 [그림 90]과 같이 템플릿 목록을 보여주는 화면이
나타나는데 가장 아래를 보면 방금 추가한 템플릿인 '나의 템플릿'이 나타나
있다. 템플릿에 관련된 작업이 모두 완료되면 다시 홈 페이지 화면으로 돌아
가도록 하자.

[그림 89] 템플릿 편집 화면

사이트 관리	페이지 템플릿 만들기	표시	숨기기	기본값으로 설정	삭제	1-1/1	< >
< booksample2012	페이지 템플릿	설명		작성	최종 업데이트		표시 전

기본 템플릿

	공지사항	공지사항 미니 블로그				✓
	자료실	파일 보관 장소				✓
	목록	다양한 일을 파악하기 위해 목록을 만드세요.				✓
	웹페이지 (기본값)	표준 웹페이지				✓

사용자 생성 템플릿

| | 나의 템플릿 | 나의 시험용 템플릿 | Content Class (45분 전) | Content Class (44분 전) | ✓ | 2 |

[그림 90] 템플릿 목록 화면

이제 새롭게 추가해 놓은 템플릿을 사용하여 새로운 페이지를 편리하게 추가하는 실습을 해보자. 페이지 추가를 위하여 상단의 ▣ 버튼을 누르면 [그림 91]에서 보이는 바와 같이 이전과는 달리 템플릿 선택 영역에 '나의 템플릿'이라는 템플릿 이름이 마지막에 추가되어 있는 것을 볼 수 있다. 템플릿은 앞에서 만들어 놓은 '나의 템플릿'을 선택하도록 하고, 페이지의 이름은 '문의하기'라고 입력한 후 '만들기' 버튼을 눌러서 새로운 페이지를 생성하도록 한다.

사이트 도구   **만들기**   **취소**

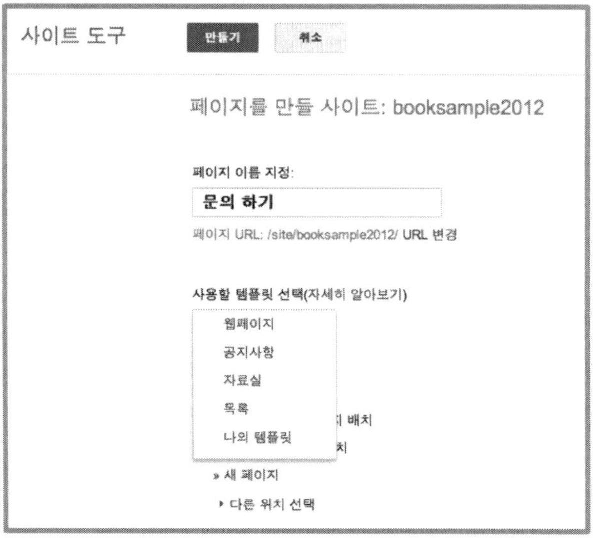

페이지를 만들 사이트: booksample2012

페이지 이름 지정:

문의 하기

페이지 URL: /site/booksample2012/ URL 변경

사용할 템플릿 선택(자세히 알아보기)

웹페이지
공지사항
자료실
목록
나의 템플릿

» 새 페이지
▸ 다른 위치 선택

[그림 91] 자신의 템플릿을 이용한 페이지 추가

[그림 92]는 위 작업을 통해 생성된 페이지 편집화면이다. 페이지 제목을 보면 '문의하기'라고 되어 있는 것을 볼 수 있다. 이 페이지의 모양은 페이지 생성 시 선택했던 템플릿, '나의 템플릿'과 동일한 모양을 하고 있다. 이와 같은 방법으로 하나의 웹 페이지를 완성한 후에는 그 모양을 복사하여 여러 페이지를 동일한 모양으로 쉽게 만들 수 있게 된다. 이렇게 자신이 생성해 놓은 템플릿은 구글 사이트 도구를 사용하는 사용자들이 누구나 볼 수 있고 사용할 수 있을까? 그렇지는 않다. 기본적으로는 자신의 템플릿 자료들은 자신만 볼 수 있고 재사용할 수 있다. 다른 사용자들도 사용할 수 있도록 공개하기 위해서는 사이트 관리 화면으로 가서 '일반' 메뉴를 선택한 후 나타나는 화면에

서 '이 사이트를 템플릿으로 게시' 메뉴를 선택하여 명시적으로 공개하겠다는 의사를 밝힌 후에야 타 사용자들에게 공개된다. 그러므로 홈페이지 설계와 디자인에 대한 공개 여부는 전적으로 홈페이지 제작자 자신에게 달려있다.

[그림 92] 새로운 템플릿으로 만든 페이지

참고적으로 새로 추가된 '문의하기' 페이지는 메뉴에 나타나 있지 않다. 이렇게 메뉴와 연결되지 않은 페이지를 메뉴와 연결하는 방법은 이전의 설명을 참조하여 메뉴에 보이도록 추가해보자.

공지사항 템플릿

구글 사이트 도구에서는 강력한 기능을 가진 세 종류의 기본 템플릿들인 공지사항 템플릿, 자료실 템플릿, 목록 템플릿을 제공한다. 이 세 가지 템플릿은 페이지의 모양을 위한 것이 아니고 특정 기능을 수행하도록 구성되어 있으며, 각각의 역할은 다음과 같다.

- **공지사항 템플릿** : 메시지 게시판과 같은 기능을 제공한다. (자동 페이지 구분 기능 포함)
- **자료실 템플릿** : 자료실 게시판과 같은 기능을 제공한다. (자동 페이지 구분 기능 포함)
- **목록 템플릿** : 표와 유사한 형태를 가지고 있으며, 자료들을 목록형태로 구분해주는 게시판 기능이다. (자동 페이지 구분 기능 포함)

이 중 먼저 공지사항 템플릿을 가진 페이지를 생성해보고 그 기능을 체험해보도록 한다. 공지사항 템플릿 기반의 페이지를 새로 추가하는 과정은 앞에서 진행한 페이지 추가 방법과 차이는 없다. 다만 템플릿 선택 화면에서 공지사항 템플릿을 선택해주면 된다. 📄 버튼을 눌러서 새로운 페이지 추가 화면으로 이동해보자. [그림 93]을 참조하여 템플릿은 '공지사항'을 선택하고, 페이지 이름은 '신제품 소식'이라고 입력을 한 후 '만들기'버튼을 눌러서

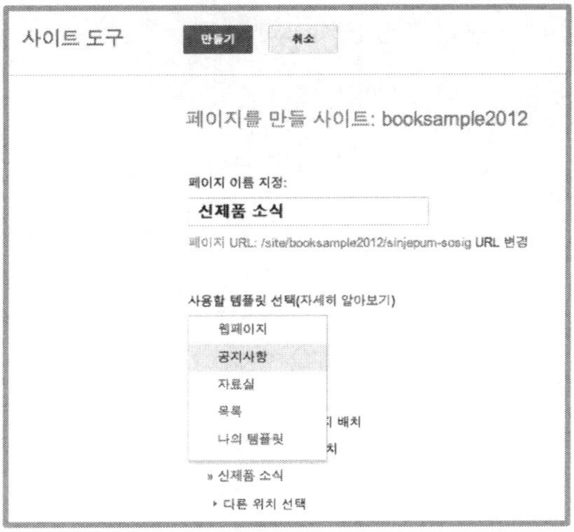

[그림 93] 공지사항 페이지 추가

새로운 페이지를 생성한다.

이번에 생성된 페이지는 [그림 94]와 같이 페이지 내에 특별한 기능이 준비

된 것을 볼 수 있다. '신제품 소식' 페이지 이름 역시 메뉴에 자동으로 추가되

[그림 94] 생성된 공지사항 페이지

지 않기 때문에 메뉴 추가 기능을 사용하여 메뉴에 '신제품 소식'이 나타나도록 여러분이 메뉴에 추가하도록 한다.

이 게시판 기능을 테스트하기 위해서 페이지 중앙의 '새 게시물' 버튼을 누르면 메시지 입력하는 페이지로 이동된다. [그림 95]를 참조하여 게시판 입력 화면의 제목란과 본문란을 입력해보자. 필요한 경우 파일을 첨부할 수도 있다. 입력이 모두 끝난 후에는 우측 상단의 '저장' 버튼을 눌러서 게시물의 입력을 완료한다. [그림 96]은 저장 버튼을 누른 후 글이 추가된 결과를 보여준다.

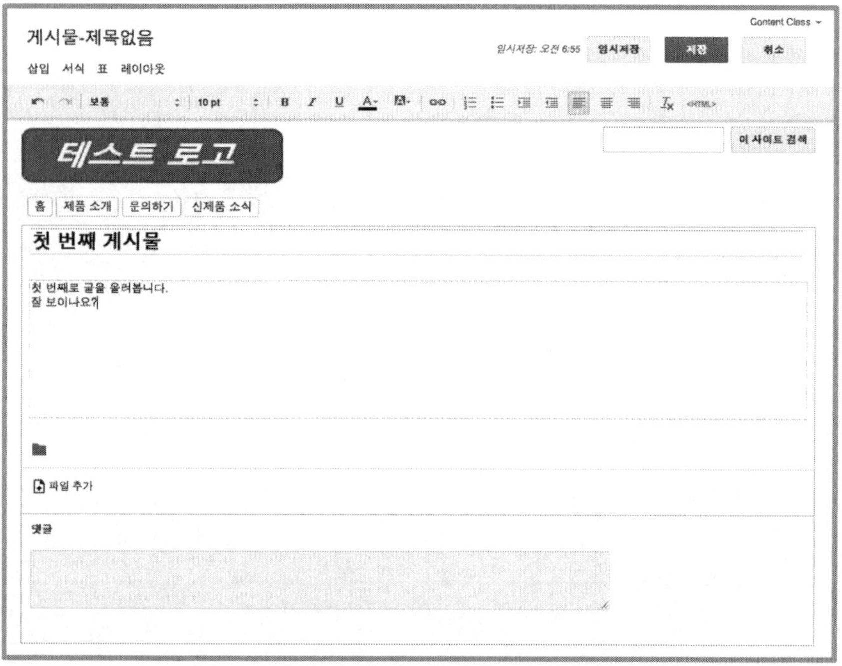

[그림 95] 글을 공지사항에 올리기

[그림 96] 글이 등록된 결과

이렇게 글을 저장하면 현재의 상태는 여러 개의 글 목록 중 한 개의 글 속에 위치한 상태에 있게 된다. 등록한 글들의 전체 목록을 볼 수 있는 공지 사항 페이지로 나가기 위해서는 [그림 96]의 좌측 상단에 게시물 글 위에 위치해 있는 페이지 이름인 '신제품 소식 〉' 부분을 클릭한다. [그림 97]은 전체 글 목록을 볼 수 있는 공지사항 페이지를 보여준다. 현재는 '첫 번째 게시물'이라는 제목의 글 한 개가 등록되어 있는 것을 볼 수 있다.

[그림 97] 공지사항 목록 화면

구글 사이트 도구의 '공지사항' 템플릿 페이지는 기본 공지사항 페이지에 게시물을 게시하면 각 게시물에 대한 페이지가 그 하위에 하나씩 추가되는 방식으로 구성된다. 그러므로 해당 게시물을 자세히 보기 위하여 게시물을 클릭하면 그 게시물이 입력되어 있는 페이지로 이동하게 된다. 이 페이지에서 전체 글 목록을 보려면 본 다시 전체 공지 사항 페이지로 이동하면 된다. 공지사항 페이지의 글 목록은 10개를 기본으로 한 페이지가 구성되며, 게시물이 10개를 초과하게 되면 구글 사이트 도구에서 자동으로 다음 페이지를 생성해 게시판에 페이지 간의 연결 기능을 추가해준다.

이미 입력한 게시물을 다시 수정하기 위해서는 해당 게시물의 제목을 클릭하면 해당 게시물을 편집할 수 있는 페이지로 이동하는데, 이 이후는 일반 페이지를 편집하는 방법과 동일하게 진행하면 된다. 게시물에는 이미지, 링크, 표 등 일반 웹 페이지에 삽입할 수 있는 대상을 모두 삽입할 수 있다. 게시물의 편집이 모두 완료되면 우측 상단의 '저장' 버튼을 누르는 방식도 일반 페이지를 저장할 때와 동일하다.

입력한 게시물을 삭제하는 방법도 알아보자. 앞에서 설명했듯이 각 게시물들은 페이지 단위로 추가된다. 구글 사이트 도구의 공지 사항 게시판의 한 항목을 삭제한다는 것은 한 페이지를 삭제한다는 의미와 동일하다. 삭제를 원하는 게시물을 클릭하면 해당 게시물의 홈페이지 화면으로 이동될 것이다. 삭제를 할 때는 '추가 작업' 메뉴의 하위 메뉴 중 '페이지 삭제' 메뉴를 선택해주면 현재 선택한 게시물이 삭제된다.

한 가지 알아둘 점은 구글 사이트 도구에서 제공하는 공지사항 게시판의 용도는 일반적인 게시판과 차이가 있다는 점이다. 구글 사이트 도구의 경우 사이트 관리자가 명시적으로 허가한 사용자만 게시물의 생성, 수정, 삭제, 댓글 등이 가능하다는 점이다. 즉 일반 방문자의 경우에는 보기 기능 이외의 작업은 불가능하다. 관리자가 명시적으로 공동작업을 허가한 사용자는 게시판뿐만이 아니라, 홈페이지에 전체 대한 공동작업이 가능하도록 허가된다. 즉 일부 수정 권한만이 아닌 홈페이지 전체에 대한 수정 권한을 주게 된다. 지금 살펴본 '공지사항' 템플릿은 말 그대로 무언가를 공지할 때 사용하거나, 한 회사의 내부 인트라넷 망에서 허가된 상호간 글을 게시하여 교환하는 목적으로 사용할 수 있다.

홈페이지를 다른 사람과 공유하기 위해서는 [그림 98]과 같이 사이트 관리 화면의 '공유 및 권한' 메뉴를 선택한다. 아래 '친구 추가'란에 공유를 원하는 상대방의 gmail주소를 입력 후, 우측의 선택란에서 '소유자', '수정가능', '볼 수 있음' 중 하나를 선택한 후 '공유 및 저장' 버튼을 누르면 된다. 게시판과 같이 페이지의 내용을 수정할 수 있도록 하기 위해서는 '수정가능'을 선택하면 된다. '볼 수 있음'은 폐쇄형 페이지의 경우 홈페이지를 보는 것조차 명시적으로 허가한 사람만 볼 수 있도록 하기 위해 있는 선택사항이다. '소유자'로 설정할 경우 홈페이지 소유자가 행사할 수 있는 모든 권한을 가지게 된다.

[그림 98] 공유 및 권한

자료실 템플릿

자료실도 공지사항과 같은 게시판 기능을 담당한다. 다만 차이점이라면 공지사항 템플릿이 글의 내용을 게시하는데 목적을 두고 있다면, 자료실 템플릿은 이미지, 문서, 기타 내용의 자료 파일을 게시하는 것이 주 목적이라는 점이다. 새로운 페이지 추가를 위하여 ▣ 버튼을 클릭해보자. [그림 99]의 새 페이지 만들기 화면이 나오면, 사용할 템플릿으로는 '자료실'을 선택해주고, 페이지의 이름은 '다운로드 자료실'로 입력한 후 '페이지 만들기' 버튼을 누른다.

새로 만들어진 페이지는 [그림 100]과 같은 모습을 하고 있다. 이 페이지 역시 기본적으로 메뉴에는 추가되어 있지 않으므로, 독자 여러분들이 '사이트 관리' 화면의 '사이트 레이아웃' 앞의 설명을 참조하여 가로 방향 탐색 메뉴에 생성된 페이지를 메뉴에 추가해야한다. 페이지의 중간을 보면 자료를 추가하고, 이동하고, 삭제할 수 있는 버튼들이 배치되어 있다. '파일 추가' 버튼을 누르면 자료 파일을 추가할 수 있으며, '이동' 버튼을 누르면 자료실 내에 폴더를 생성하고 자료를 이동하여 자료를 구분하여 저장할 수 있다. '삭제' 버튼은 업로드되어 있는 자료를 삭제할 때 사용된다.

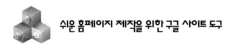

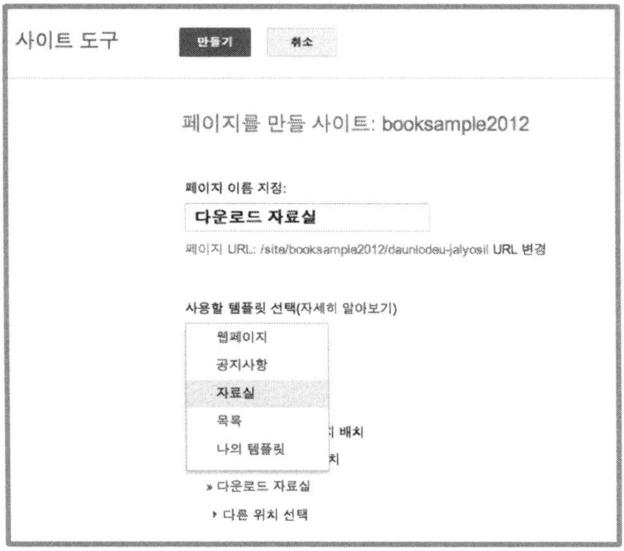

[그림 99] 자료실 템플릿 사용

[그림 100] 생성된 자료실 페이지

'자료 추가' 버튼을 누르고 자신의 컴퓨터에 있는 자료 파일을 자료실에 업로드해보자. 본서의 예제에서는 'googleimage.jpg' 파일을 선택하여 자료실에 업로드하였다. 독자 여러분도 각자의 파일을 업로드해보자. 자료를 업로드 한 직후의 화면인 [그림 101]을 보자. googleimage.jpg 파일이 자료실에 업로드되어 있다. 자료실은 이렇게 자료 파일을 편리하게 업로드하고 목록으로 만들어 자료 파일을 공유할 수 있게 해주는 편리한 템플릿이다.

[그림 101] 자료실에 업로드된 파일

목록 템플릿

구글 사이트 도구에서 제공하고 있는 '목록 템플릿'을 살펴보자. 목록 템플릿은 제목 그대로 표현하고자 하는 내용을 목록화하여 관리할 수 있도록 해준다. 예를 들어서 추천 사이트 링크 목록, 최근 가요 차트, 학교 교육과정 등 목록화하면 편리한 응용 분야들에 목록 템플릿을 사용할 수 있다.

　　 버튼을 누른 후, [그림 102]에서와 같이 템플릿은 '목록'을 선택하고, 페이지의 이름은 '추천 링크들'이라고 입력을 해두자. 입력이 끝나면 '만들기' 버튼을 눌러서 목록 템플릿을 사용하는 새로운 페이지를 생성한다.

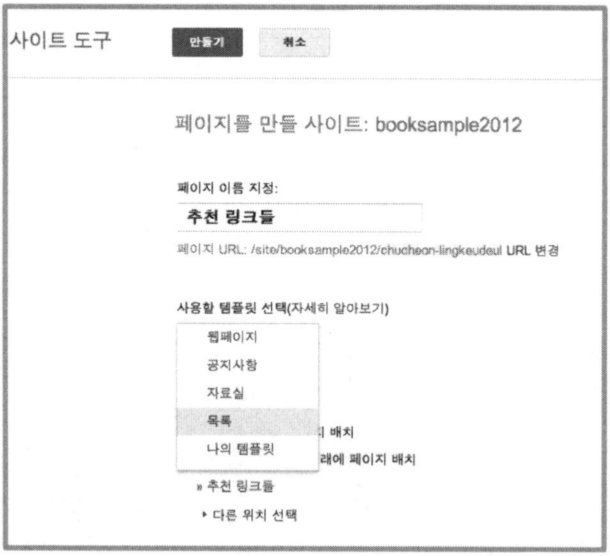

[그림 102] 목록 템플릿 페이지

목록 템플릿을 사용하여 새로운 페이지를 만들면 이전의 템플릿들과는 다르게 [그림 103]에서 보는 바와 같이 특이한 화면이 나타난다. 목록의 형태는 사용자가 원하는 대로 마음대로 구성할 수 있다. 한편 현재 보이는 화면에서는 가장 자주 사용될 만한 목록 형태들을 몇 개 추천하고 있다. 이 중에서 우리는 가장 마지막에 있는 '맞춤목록'을 사용하여 처음부터 직접 목록을 구성하는 방법을 알아볼 것이다. '맞춤목록 만들기' 버튼을 눌러보자.

[그림 103] 생성된 목록 페이지

맞춤목록은 목록에 사용되는 모든 열들을 처음부터 사용자가 지정하도록 되어 있는데, 초기 화면은 [그림 104]와 같이 '새 열'이라는 열이 기본적으로 추가되어 있다. 새로운 열을 추가할 때는 열에 대한 세부 정보를 입력한 후 '열 추가' 버튼을 사용하고, 열을 지울 때는 해당 열을 선택한 상태에서 X표를

눌러서 삭제한다. 각 열에는 다음 두 가지를 지정해주면 된다.

- **열 이름** : 표의 열에 해당하는 제목
- **유형** : 해당 열에 입력되는 자료의 형태로서 확인란, 날짜, 드롭다운, 텍
  스트, URL 등의 5개 형태를 지정할 수 있다.

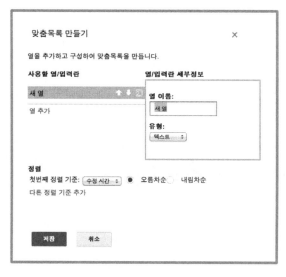

[그림 104] 맞춤 목록 설정 화면

[그림 105]를 참조하여 아래와 같은 형태의 열을 세 개 추가해보자.

- **사이트명** : 텍스트 (유형)

- **사이트 주소** : URL (유형)

- **참고 설명** : 텍스트 (유형)

열 구성을 끝내고 '저장' 버튼을 누르면 [그림 106]과 같이 지정한 열 이름을 가지는 목록 형태가 화면에 나타난다. 이 목록에 원하는 내용 항목을 추가하거나 삭제할 수가 있다. 또한 각 열을 기준으로 정렬을 하는 기능도 제공한다.

[그림 105] 목록 구성 결과

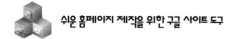

[그림 106] 구성이 완료된 목록 페이지

내용 항목을 추가해보기 위하여 '항목 추가' 버튼을 눌러보자. 항목 추가 버튼을 누르면 [그림 107]과 같은 화면이 나타난다. 이 화면을 보면 앞에서 구성한 3개의 열들에 해당하는, 사이트 명, 사이트 주소, 참고 설명에 대한 입력란이 보인다. [그림 107]의 예를 참조하여 각 열에 대한 내용을 입력한 후 '저장' 버튼을 눌러서 항목을 추가해보자.

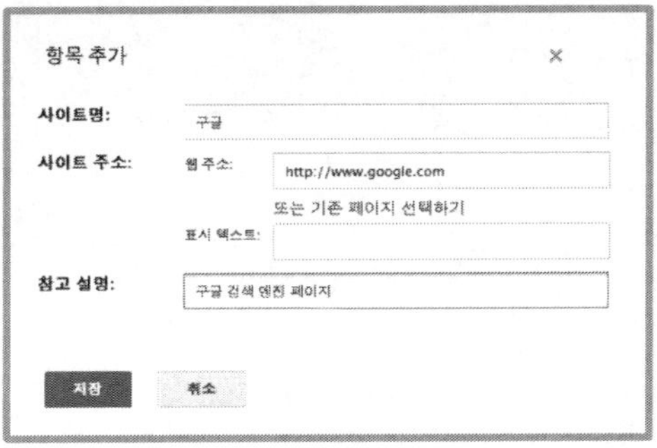

[그림 107] 항목 추가 내용

　추가된 항목은 [그림 108]과 같은 모양으로 나타난다. 자료실 템플릿과 비
슷한 면도 있지만, 내용이 범주에 따라서 열로 구분되어 있는 것이 특징이다.
입력된 항목은 내용을 수정하거나 삭제할 수도 있다. 수정이나 삭제를 위해
서는 해당 항목을 클릭하면 된다.

[그림 108] 항목 추가 결과

항목 수정		✕
사이트명:	구글	
사이트 주소:	웹 주소: http://www.google.com	
	또는 기존 페이지 선택하기	
	표시 텍스트: http://www.google.com	
참고 설명:	구글 검색 엔진 페이지	
저장 취소 항목 삭제		

[그림 109] 항목의 수정과 삭제

수정이나 삭제를 원하는 항목을 클릭하면 [그림 109]와 같은 창이 나타난다. 항목의 내용 수정을 원하는 경우에는 해당 열의 내용을 수정한 후 '저장' 버튼을 누르면 된다. 삭제를 원할 경우에는 '항목 삭제' 메뉴를 누른다.

페이지 삭제하기

구글 사이트 도구를 사용하여 입력되는 내용들이 저장되는 단위는 페이지이다. 일반 컴퓨터에 비유하자면 페이지는 파일과도 같다. 공지사항 템플릿에 사용되는 게시판의 각 내용도 각각의 페이지 단위로 저장된다. 구글 사이트 도구에서 어떤 페이지를 삭제하고자 하는 경우에는 일단 해당 페이지를 화면으로 불러와야 한다. 메뉴를 클릭해서 페이지를 불러올 수도 있고, 사이트 관리 화면에서 '페이지' 메뉴를 사용해서 원하는 페이지를 선택할 수도 있다.

홈페이지 화면에서 '작업 선택' 메뉴의 하위 메뉴 중 '페이지 삭제'를 선택하면

페이지는 삭제된다. 다른 게시판 형태의 각 항목들도 페이지를 불러와서 페이

지 삭제 방식으로 삭제를 하도록 한다. 삭제 메뉴는 [그림 110]을 참조하자.

[그림 110] 페이지 삭제 메뉴

153

홈페이지를 빛나게 하는
액세서리 가젯

가젯이란 무엇인가?

스마트폰이 대세인 요즘 앱(App)이란 용어는 낯설지 않은 일상의 개념이 되었다. 스마트폰 이전 시대에는 휴대전화를 구입할 때 기본적으로 장착되어 있는 기능이나 프로그램들만 사용할 수 있었다. 하지만 스마트폰이 사용되면서부터는 앱이라는 스마트폰용 소프트웨어를 얼마든지 다운로드 받아서 사용할 수 있는 환경이 마련되었다. 구글 사이트 도구에서는 스마트폰의 앱과 같은 작은 소프트웨어들을 웹 상에서 만들고 사용할 수 있도록 지원하는데, 이를 가젯(gadget)이라고 부른다. 가젯은 홈페이지나 블로그에 삽입(embed)될 수 있도록 제작된다. 가젯은 구글 사이트 도구뿐만 아니라 일반적인 홈페이지에도 삽입될 수 있다.

가젯은 기술적으로는 HTML언어와 JavaScript언어를 사용하여 제작한다. HTML과 JavsScript에 대한 지식을 가진 사용자라면 자신만의 가젯을 만들어 보는 것도 흥미있는 경험이 될 것이다. 하지만 일반 사용자 입장에서는 이미 제작되어 있는 수많은 가젯을 사용하는 것으로도 충분하다. 스마트폰을 사용하는 일반 사용자들이 다양한 앱을 사용하는 것과 같이, 구글 사이트 도구로 홈페이지를 개발하는 일반 사용자들도 이미 공개된 가젯들을 자신의 홈페이지에 삽입하기만 하면 된다. 가젯들은 모두 무료이며 지금 이 순간에도 다양한 가젯들이 제작되고 있으므로, 잘만 선택한다면 자신의 홈페이지에 풍부한 기능을 더할 수 있을 것이다. 가젯의 몇 가지 예들을 살펴보자.

[그림 111]은 너무나 유명한 게임 중의 하나인 테트리스의 변형 버전으로 Tetris N-Blox라는 이름을 가진 게임 가젯이다. 이렇게 다른 사람이 개발해 놓은 가젯은 구글 사이트 도구의 메뉴를 사용하여 손쉽게 자신의 홈페이지에 넣을 수가 있다. 가젯을 홈페이지에 삽입하는 과정은 홈페이지에 이미지를 삽입하는 정도로 쉬운 작업이므로 누구나 가젯을 활용할 수 있다. 가젯을 홈페이지에 넣으면 홈페이지의 기능을 강화하고 있을 뿐만 아니라 다양한 흥미를 유발할 수 있다. 따라서 홈페이지 방문자 수를 늘일 수 있게 된다. 흥미를 위한 게임 가젯 이외에도 실무적인 기능을 가진 가젯도 많으니 가젯을 활용해보는 것은 홈페이지의 기능을 강화할 수 있는 좋은 방법이 될 것이다.

[그림 111] 테트리스 게임 가젯

[그림 112]는 SBS 방송사에서 제공하는 라디오 청취용 가젯이다. 이 가젯을 설치하면 별도로 방송사 홈페이지를 방문하지 않아도 라디오 청취가 가능해진다. 자신의 홈페이지를 방문하는 방문자들에게 편리하게 라디오를 들으면서 웹 서핑을 할 수 있도록 해준다면 좋은 서비스 방안 중의 하나가 될 수 있을 것이다.

[그림 112] SBS 라디오 가젯

[그림 113]은 오늘의 할 일을 홈페이지에 기록할 수 있도록 해주는 가젯이다. 마치 메모 패드와 유사하게 생긴 친근한 모양을 하고 있다. 각종 할 일들을 기록할 수 있도록 해준다. 이 또한 홈페이지의 실용성을 강화할 수 있는 방법 중의 하나이다.

[그림 113] 오늘의 할 일 가젯

[그림 114]는 마이 노트라는 가젯으로 일상에서 흔히 사용되는 포스트잇을 홈페이지 상에 온라인 형태로 구현해 놓은 것이다. 이 가젯을 사용해서 업무 메모나 상호 의사소통에 활용할 수 있다.

[그림 114] 마이 노트 가젯

[그림 115]는 최근 영화의 트레일러(예고편)을 보여주는 가젯이다. 영화는 일반적으로 많은 사람들이 관심을 가지는 공통 주제이다. 특히 최근 영화들의 트레일러는 뷰 횟수가 높다. 제작하고자 하는 홈페이지가 영화나 엔터테인먼트와 관련된 내용이라면 이 영화 트레일러 가젯은 더욱 큰 효과를 발휘할 수 있다.

[그림 115] 영화 트레일러 가젯

[그림 116] CNN 가젯

[그림 116]은 CNN 최신 뉴스를 실시간으로 업데이트해서 보여준다. CNN이라는 글로벌 미디어 뉴스가 자신의 홈페이지에서 자동적으로 업데이트 된다는 점은 사실 대단한 혜택이다. 국제 뉴스나 정세에 민감한 주제의 홈페이지라면 이 가젯은 활용 가치가 높을 것이고, 어학 관련 홈페이지의 경우에도 홈페이지의 주제를 더욱 돋보이도록 해준다.

Now playing: Remedy by Little Boots.

[그림 117] BBC 라디오 가젯

[그림 117]의 BBC 라디오 가젯은 앞에서 살펴본 SBS라디오 가젯과 형태는 유사하면서도 내용적으로는 CNN 가젯과 유사한 형태를 가지고 있다. BBC 라디오가 방송되는데 내용적으로는 시사적인 내용이 주를 이룬다. 이 또한 어학 관련 홈페이지라면 매우 유용한 가젯이다.

[그림 118]의 가젯은 전자 상거래 비즈니스에 유용하게 사용될 수 있는 온라인 쇼핑을 위한 가젯이다. 이런 가젯은 구글이 제공하는 형태와 PayPal이라는 회사에서 제공하는 형태들이 있는데, 이 가젯을 설치하는 것만으로 자신의 홈페이지에 바로 온라인 쇼핑 기능을 추가할 수 있다. 자신이 판매하고자하는 물건의 사진과 가격을 입력하는 것으로 판매 준비는 끝난다. 본 가젯의 경우 물건 값의 결제는 PayPal이라는 사이트를 통해 간편히 처리된다. 하지만 아쉽게도 온라인 쇼핑은 각 국가의 세법과 밀접한 관계를 가지기 때문에 국내에서는 사용하지 못한다는 제약이 따른다. 이 가젯은 미국과 영국에 주소를 둔 회사나 개인만 사용이 가능하다. 한편 구글 사이트 도구 이외에도 Weebly.com과 같은 곳에서는 누구나 사용가능한 온라인 쇼핑 도구를 클릭 몇 번이면 설치할 수 있도록 제공을 하고는 있지만, 국내 전자 상거래 관련 법

상 국내 방식의 카드 인증 이외의 방식은 법적인 문제가 발생하므로 부자유
스러운 면이 있다. 하지만 이런 가젯의 존재를 알아두면 향후 홈페이지의 확
장, 국제 비즈니스 관련 대비 등에 있어서는 도움이 될 것이다.

[그림 118] PayPal 상거래 가젯

홈페이지에 가젯 넣어보기

가젯을 여러분들의 홈페이지에 삽입해보기 위하여 현재 진행하고 있는 예
제에서 '홈' 페이지를 화면에 불러오도록 한다. 만일 '홈' 페이지에 다른 내용
이 있다면 모두 삭제하고, 레이아웃도 '1단 (심플)'형태로 하여 가젯을 삽입할
영역을 만들어 놓자. 다시 [그림 119]와 같은 모양이 될 것이다.

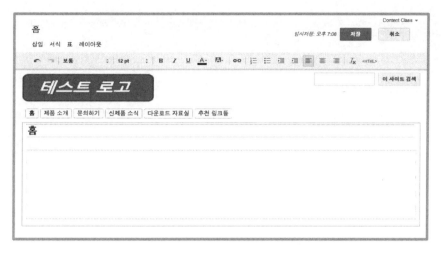

[그림 119] 가젯 삽입을 위한 페이지 준비

[그림 120] 가젯 선택 화면

163

가젯을 페이지에 삽입하기 위해서는 삽입하고자 하는 위치를 클릭하고, '삽입' 메뉴의 '가젯 더보기'를 선택하면 [그림 120]과 같은 가젯 추가 화면이 나타난다. 이 곳에 나타나는 가젯들은 독자 여러분들과 같은 일반 사용자들이 제작해서 공유하는 것들이다. 그렇기 때문에 모든 가젯이 완벽한 기능을 가지고 있다고 할 수는 없다. 자신의 필요에 따라서 여러 가지를 검색해보고, 설치한 가젯이 자신이 원하는 대로 작동하는 지를 테스트해볼 필요가 있다. 가젯은 지금 이 순간에도 계속 제작되고 있기 때문에 독자 여러분들이 이 글을 읽는 시점에 [그림 120]의 화면에 나타나는 가젯들은 본서의 것과는 다를 수도 있다. 화면에는 몇 개의 가젯만 나타나 있지만, 스크롤 바를 계속 내리면 끊임없이 나타나는 가젯들을 만나볼 수 있다.

검색 기능을 통해서 원하는 가젯을 찾아보자. 기본적으로는 [그림 120]의 첫 화면에는 '추천' 가젯들의 목록이 나온다. 좌측의 메뉴 중 '공개' 메뉴를 눌러서 가젯 검색 대상이 전체가 되도록 한다. 그 후에 가젯 검색 창에 '뉴스'라고 입력을 하고 돋보기 버튼을 눌러서 검색을 해보자. 잠시 후 [그림 121]과 같은 검색 결과가 나타나다. 검색 결과의 가젯들 중 스크롤바를 조금 내리면 'koreatimes'라는 제목이 나타난다. 이 가젯의 설치를 위하여 가젯 이름을 클릭해보자.

[그림 121] 가젯 검색 결과

[그림 122] 가젯 선택 후의 화면

[그림 122]는 가젯을 선택 후에 나타나는 가젯 설명 화면이다. 이 화면에서 '선택' 버튼을 누르면 선택된 가젯이 페이지에 삽입된다. 만약 다른 가젯들을 더 검색하기를 원한다면 선택 버튼 우측의 '갤러리로 돌아가기' 메뉴를 누르면 된다. 가젯 작업 전체를 취소하고 싶은 경우에는 좌측의 '취소' 버튼을 누르면 된다. 선택한 koreatimes 가젯을 페이지에 삽입하기 위하여 '선택' 버튼을 누르면 [그림 123]과 같은 가젯 설정 화면이 나타난다.

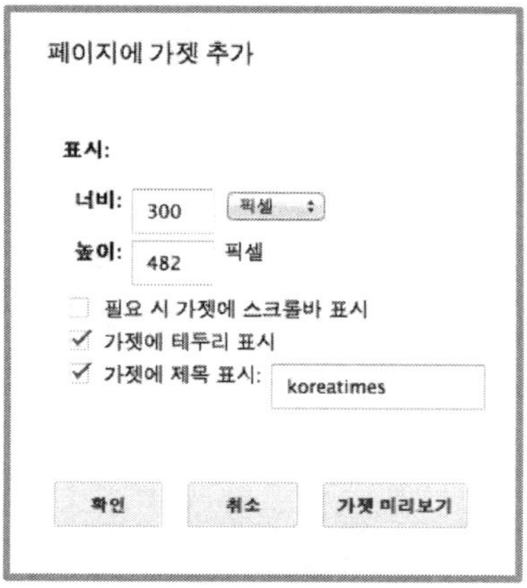

페이지에 가젯 추가

표시:

너비: 300 픽셀 ▼

높이: 482 픽셀

☐ 필요 시 가젯에 스크롤바 표시
☑ 가젯에 테두리 표시
☑ 가젯에 제목 표시: koreatimes

확인 **취소** **가젯 미리보기**

[그림 123] 가젯 설정 화면

[그림 123]의 가젯 설정 화면에서는 가젯이 페이지에 삽입되는 형태를 선택할 수 있다. 가장 중요한 선택은 가젯의 크기인데 화면에 보이는 바와 같이 너비와 높이를 지정할 수 있다. 너비의 경우 '퍼센트' 단위와 '픽셀' 단위 중 원하는 것을 지정할 수 있다. 퍼센트 단위로 지정할 경우 브라우저의 크기에 따

라 가젯의 가로 비율을 지정할 수 있다. 가젯의 너비를 픽셀 단위로 지정하게 되면 브라우저의 크기에 상관없이 항상 일정한 크기를 지정할 수 있다. 페이지의 디자인을 일정하게 유지하기를 원할 경우에는 페이지 단위보다는 픽셀 단위가 화면의 구성을 일정하게 유지할 수 있는 장점이 있다. 기타 설정 사항으로는 가젯의 테두리나 제목의 표시여부, 그리고 가젯에 스크롤바가 나타나도록 할 것인 지를 지정할 수 있다. 본 화면에서는 기본 설정사항을 유지한 채로 '확인' 버튼을 누르자. 이 때 가젯이 삽입되는데, 삽입 직후의 화면은 [그림 124]에서와 같이 삽입된 가젯은 상자로만 표시된다. 이 상태에서 저장 버튼을 누르면 [그림 125]와 같이 가젯의 실제 모양을 볼 수 있는 상태가 된다.

[그림 124] 가젯이 삽입된 직후의 화면

167

[그림 125] 가젯이 삽입된 홈페이지 화면

위와 같은 과정을 거쳐서 삽입된 가젯은 언제라도 속성을 변경할 수 있으며, 삭제할 수도 있다. 가젯의 설정 사항을 변경하거나 삭제를 하기 위해서는 다시 페이지 편집 모드로 들어간 후 가젯 영역을 클릭하면 [그림 126]과 같이 가젯의 속성과 관련된 작은 메뉴 바가 나타나나다. 이 메뉴 바에서 ⊠ 버튼을 누르면 가젯은 삭제되며, ⚙ 버튼을 누르면 가젯의 속성을 다시 설정하는 창으로 들어간다. 다시 설정하는 부분은 앞에서 설명된 방법과 동일하니, [그림 123]을 참조하면 된다.

[그림 126] 가젯 속성 변경 화면

구글 사이트 도구에서 플래시 사용하기

구글 사이트 도구로 간편하게 홈페이지를 제작하면서도 메인 화면이나 제품 소개 등에는 플래시를 사용해서 시각적 효과를 높이는 것이 필요한 경우도 있을 것이다. 구글 사이트 도구에서도 플래시 파일을 사용할 수 있을까? 답은 YES이다. 플래시를 구글 사이트 도구의 페이지에 넣기 위해서는 가젯의 도움을 필요로 한다. 플래시 삽입 과정은 다음과 같다.

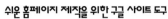
- 별도로 제작해 놓은 플래시 파일을 구글 사이트 도구의 '첨부 파일'영역 에 미리 업로드 해 놓는다.
- 플래시 파일을 페이지에 삽입(embed)할 수 있는 가젯을 추가한다.
- 가젯 추가 과정 (혹은 추가 후)에서 가젯에 위의 첨부 플래시 파일 위치 를 지정한다.

먼저 페이지에 삽입해볼 플래시 파일을 준비해보자. 여러분이 직접 제작한 플래시 파일이 있으면 가장 좋겠지만, 제작해본 경험이 없는 독자라면 주위에 서 구해보거나 인터넷 상에서 무료로 사용할 수 있는 플래시 파일을 구해서 플 래시 삽입 기능을 테스트해볼 수 있다. 본 서에서는 라이센스가 무료로 공개 된 파일 중의 하나를 다운로드받아 사용하였다. 회사 소개를 위한 애니메이션 인트로로서 홈페이지의 메인 화면에 적합한 플래시이며, 이 파일을 구글 사이 트 도구 페이지에 업로드해볼 것이다. 물론 독자 여러분은 자신이 가지고 있 는 플래시 파일명을 기억해두자. 업로드할 플래시 파일은 플래시 작업 파일을 의미하는 .fla 확장자가 아니고 완성된 파일인 .swf 파일을 의미한다.

- **본서에서 업로드할 플래시 파일명** : 940.swf

이 파일이 업로드될 위치는 본서에서 진행하고 있는 홈페이지의 '첨부 파 일' 영역이다. '추가 작업' 메뉴의 하위 메뉴 '사이트 관리'를 선택하여 사이트

관리화면으로 이동한다. 다시 좌측의 '첨부 파일'메뉴를 선택한 후 '업로드'

버튼을 눌러서 자신의 플래시 파일(본서에서는 940.swf) 파일을 첨부 파일

영역에 업로드 한다. [그림 127]의 가장 위 부분을 보면 940.swf 파일이 첨부

되어 있는 것을 볼 수 있다.

사이트 관리	업로드	파일 바꾸기	이동	이동 바꾸기	삭제	선택: 전체 | 없음	1-2/2	< >

< **booksample2012**					버전
최근 사이트 활동	이름		위치	크기	최종 업데이트:	
페이지		940.swf	보기 다운로드	/	108k	Content Class (2012. 5. 19. 오전 1:44)	1
첨부파일		googleimage.jpg	보기 다운로드	/daunlodeu-jalyosil	8k	Content Class (2012. 5. 16. 오전 1:16)	1
페이지 템플릿						
애플리케이션 스크립트						
삭제된 항목						
일반						
공유 및 권한						

[그림 127] 첨부 파일 영역

삽입할 플래시 파일의 준비는 끝났고, 이제는 플래시를 삽입할 위치에 플

래시 삽입기능을 가지고 있는 가젯을 삽입할 차례이다. 페이지 편집 모드에

서 '삽입' 메뉴의 하위메뉴 '가젯 더보기'를 선택하여 가젯 추가 창을 열도록

한다. 이 창에서 검색 란에 'flash wrapper'라는 키워드를 입력하고 검색 버튼

을 누르면 플래시를 페이지에 삽입하는 기능을 가진 가젯들이 나타난다. 이

중 [그림 128]과 같은 'Flash Wrapper'라는 가젯을 선택하도록 한다. 이 가젯

은 예로서 선택했을 뿐이며 동일한 기능을 하는 다른 가젯들을 사용해도 문

제는 없다. 꼭 키워드를 flash wrapper라고만 주어야 하는 것은 아니기 때문에 각자 가젯을 검색할 때 키워드를 주는 방법을 연구해둘 필요가 있다. 가젯을 클릭을 하면 [그림 129]의 화면이 나타나며, 이 화면에서 '선택'을 클릭하도록 한다.

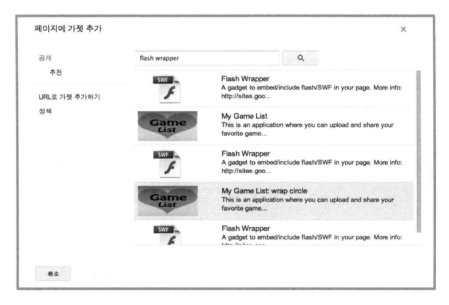

[그림 128] flash wrapper 검색 결과

[그림 130]은 가젯을 선택한 후에 나타나는 가젯 설정창이다. 이 창에서 가장 중요한 부분은 플래시 파일의 위치를 지정하는 부분이다. 이 예에서는 'Flash / SWF URL (필수)'이라는 필드에 플래시 파일의 위치를 지정해야 하는데, 다음과 같이 입력해주면 된다. 첨부 파일의 기본 위치는 홈페이지주소

[그림 129] Flash Wrapper 가젯 선택 화면

의 최상위 폴더가 된다. 물론 하부 폴더에 저장되어 있는 경우는 그 하부 폴더

명까지 써주면 된다. 본서의 예의 경우 플래시 파일의 위치는 다음과 같이 지

정한다. 독자 여러분은 자신의 홈페이지 이름과 플래시 파일 이름을 적용해

서 사용해야 할 것이다.

https://sites.google.com/site/booksample2012/940.swf

다음으로 지정할 사항은 가젯의 모양에 관한 것이다. 너비와 높이를 자신의 페이지에 맞도록 변경하면 되는데 일단 기본적으로 설정되어 있는 대로 너비는 400으로, 높이는 300으로 설정하여 사용하기로 한다. 그 아래에 위치한 세 가지 항목들, '필요시 가젯에 스크롤바 표시', '가젯에 테두리 표시', '가젯에 제목 표시' 등은 필요에 따라서 사용할 것인지를 결정하면 된다. 일단 본 서에서와 같이 가젯의 테두리와 제목은 체크를 하여 기본적인 모양을 확인해 보도록 하자. 플래시로 페이지 장식 효과를 처리할 때 테두리나 제목 등이 나타나서 미관적으로 바람직하지 않을 경우에는 이들을 해제해 놓으면 된다. 이제 플래시를 웹 페이지에 삽입하기 위한 모든 과정이 완료되었다. 확인 버

페이지에 가젯 추가	✕
Flash / SWF URL *(필수)*	
FlashVars	
Base	
Background color (e.g. #000000)	
Transparency	No ⬍

표시:

너비: 400 픽셀 ⬍
높이: 300 픽셀

☐ 필요 시 가젯에 스크롤바 표시
✓ 가젯에 테두리 표시
✓ 가젯에 제목 표시: Flash Wrapper

| 확인 | 취소 | 가젯 미리보기 |

[그림 130] Flash Wrapper 가젯 설정 화면

튼을 누른 후 나가서 홈페이지를 저장해보자.

[그림 131]은 플래시 파일 삽입이 완료된 결과이다. 페이지가 로드될 때 플래시로 만들어진 인트로 동영상이 자동 플레이되는 것을 확인할 수 있다. 이렇게 메인 페이지의 인트로 화면 이외에도 플래시가 필요한 다양한 곳에 플래시 삽입 가젯을 사용하여 플래시를 응용할 수 있을 것이다.

[그림 131] Flash가 페이지에 삽입된 결과

175

플래시 삽입을 위한 약간 전문가적인 방법

앞의 예에서 플래시 파일 삽입을 위하여 Flash Wrapper라는 가젯을 사용했었다. 사실 플래시를 웹 페이지에 삽입하는 것은 한, 두 줄 정도로 처리되는 간단한 작업이다. 본 절은 HTML이라는 언어에 대해 전혀 경험이 없는 독자는 지나쳐도 무방하다. 다만 홈페이지 제작 분야에 경험이 있는 독자들을 위하여 구글 사이트 도구의 페이지도 HTML을 사용한 직접 편집이 가능하며, 이 기능을 사용해서 플래시를 삽입할 수도 있다는 점을 설명하고자 한다. 또한 HTML 언어를 잘 모르는 독자라도 한 줄 정도만 입력하면 되기 때문에, 테스트해보는 것도 구글 사이트 도구의 이해에 도움이 될 것이다.

현재 플래시가 삽입된 페이지의 Flash Wrapper 가젯을 삭제하여 다시 빈

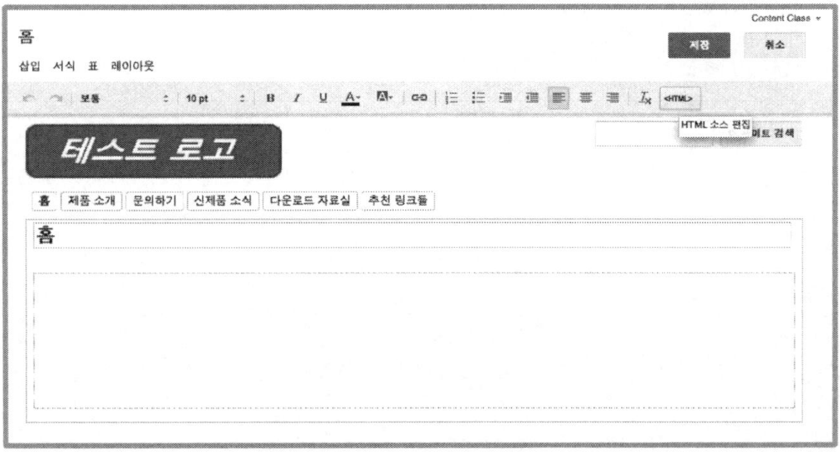

[그림 132] HTML 편집 버튼

페이지로 만들도록 한다. [그림 132]에 있는 페이지 편집 버튼들의 우측을 보면 HTML이라는 메뉴가 보인다. HTML 메뉴는 직접 HTML 언어를 편집할 수 있는 사용자들이 보다 세밀한 페이지 편집을 할 수 있도록 HTML 편집창을 제공한다.

HTML 메뉴를 선택하면 [그림 133]과 같이 현재 페이지의 본문 영역을 구성하고 있는 HTML 코드를 편집할 수 있는 창이 나타난다. 현재 창에 아무 것도 나타나지 않은 이유는 본문 영역을 모두 삭제했기 때문이다. 만약 본문 영역에 콘텐츠가 있었다면 여러 가지 HTML 태그로 구성된 코드가 함께 나타날 것이다.

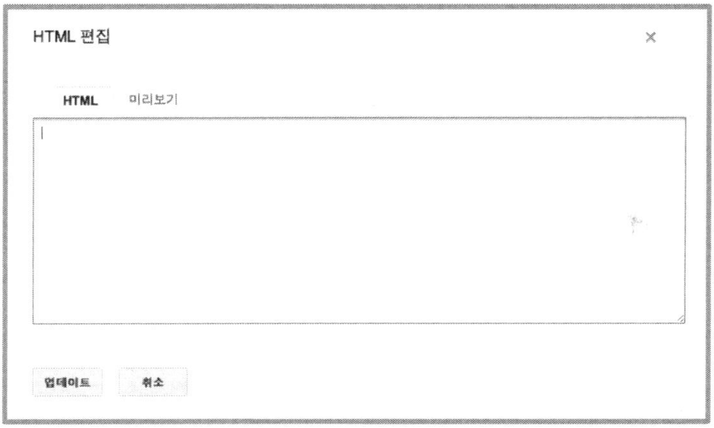

[그림 133] HTML 편집기

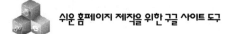

이 HTML 편집 영역에 직접 플래시를 삽입하기 위하여 입력할 HTML 코드
는 다음과 같다. 한글로 표시해 놓은 부분은 실제 해당 값을 입력해야하는 란
이다.

```
<embed src="플래시 파일 위치" width="너비 픽셀" height="높이" ></embed>
```

이 embed 태그를 사용하여 플래시 파일을 넣는 코드는 다음과 같다. src
변수에 지정된 주소는 앞에서도 살펴보았던 플래시 파일이 첨부되어 있는 위
치를 의미한다. 아래 코드를 참조하여 주소와 파일 이름은 독자 여러분 자신
의 것에 맞도록 수정해서 입력하도록 한다.

```
<embed src="https//sites.google.com/site/booksample2012/940.swf"
   width="400" height="300"></embed>
```

HTML 코드의 편집이 끝나면 '업데이트' 버튼을 눌러서 HTML 코드를 저장
하면 다시 페이지 편집 화면으로 돌아간다. 이 상태에서 다시 저장 버튼을 누
르면 플래시 파일의 삽입은 완료된다. 결과는 앞에서 가젯을 사용한 예와 동
일하게 나타난다. embed 태그에 대해서 이해를 하고 있는 독자라면 이 방법
을 사용하여 플래시의 위치, 크기, 테두리 등을 쉽게 조절할 수 있을 것이다.

구글 앱스와의
강력한 결합

구글 앱스(Apps)란 무엇인가?

스마트폰이 대중화되면서 이제 '앱(app)'이란 단어는 일상적인 용어가 되었다. 애플리케이션(application)은 우리가 컴퓨터에서 사용하는 워드프로세서, 웹브라우저, 게임 등과 같은 일반 사용자용 소프트웨어를 일컫는 용어이다. 이 단어를 줄여서 간단히 '앱'이라고 부르고 있으며, 스마트폰의 출현과 더불어 앱은 일반 사용자들에게도 더욱 친근한 단어로 변했다.

초기의 구글은 검색엔진과 이메일 서비스로 이름을 알리기 시작했지만, 현재는 여러 가지 웹 기반 서비스를 유기적으로 제공하고 있다. 지금은 많이 알려져 있고 유사 서비스도 생겨나고 있는 웹 기반의 오피스(워드프로세서, 스프레드 시트 등)도 구글 문서 도구(Google Docs)라는 이름으로 구글이 먼저 시작한 것이었다. 구글이 웹 환경 하에서의 서비스 형식을 혁신해온 것은 문서 도구 뿐만이 아니었다. 과거 일반적인 이메일 서비스 회사들이 수 십 ~ 수 백 MB 정도의 용량을 제공하던 시기에, 구글의 gmail은 2.5GB 이상을 제공하면서 혁신을 일으켰고, 2006년에는 YouTube서비스를 시작하여(2005년 시작된 타사의 서비스를 인수) UCC(User Created Content)라는 인터넷상의 동영상 콘텐츠의 대부분을 점유하고 있다.

지금 본서에서 다루고 있는 구글 사이트 도구 역시 구글의 시작을 기점으로 Weebly 등 유사 인스턴트 페이지 서비스 제공 회사들이 늘어나기 시작하고 있다. 이런 구글 서비스의 혁신을 통해 나온 또 하나의 용어가 클라우드 컴퓨팅(Cloud Computing)이다. 클라우드 컴퓨팅은 데이터를 특정 컴퓨터에 저장하지 않고, 인터넷 공간상에 저장 (혹은 분산 저장)함으로써 시공간의 제약을 받지 않고 접근성을 높일 수 있는 특징을 가진다.

[그림 134]에는 구글 앱스의 대표적인 앱들이 나타나있다. 구글에서 제공하고 있는 모든 앱들은 상호 호환성과 연관성을 가지고 있다. 즉 한 앱 서비스를 통해 생성된 콘텐츠는 또 다른 앱들에 연결 혹은 삽입되어 재사용성을 높여주기 때문에 작업 양과 시간을 절약해준다. 다음은 구글 사이트 도구와 콘텐츠를 결합시킬 수 있는 주요 구글 앱들이다. 이 구글 앱들은 구글 사이트 도구에 간편하게 연결될 수 있으며, 각각의 콘텐츠를 관리하는데 매우 전문적인 소프트웨어가 이미 내장되어 있으므로 별도의 소프트웨어를 사용하지 않고도 생산성과 콘텐츠의 질을 높일 수 있다.

[그림 134] 주요 구글 앱스

구글 사이트 도구와 함께 편리하게 사용될 수 있는 주요 구글 앱스는 다음과 같다.

- **구글 드라이브** : 클라우드형 웹 기반 파일 저장소

- **구글 문서 도구** : 문서, 스프레드시트, 프레젠테이션 제작

- **피카사웹** : 웹 앨범

- **구글 캘린더** : 일정 관리 및 공유

- **YouTube, 구글 비디오** : 동영상 연결

- **구글 지도** : 지도 검색 및 안내

- **애드센스** : 광고 도구

이 외에도 [그림 135]에서 볼 수 있듯이 추가적으로 사용할 수 있는 구글 앱스가 존재한다. 홈페이지의 용도에 따라 필요한 구글 앱스를 활용한다면, 홈페이지의 기능성을 최대로 높일 수 있을 것이다.

[그림 135] 전체 구글 앱스

동영상 삽입하기

구글 서비스 중 동영상과 관련된 서비스는 YouTube와 구글 비디오 두 가지가 있다. 기능이 비슷해서 많은 사용자들이 혼란을 가지기도 하는데 차이점을 알아보자. 구글 비디오는 검색엔진과 같이 전 세계의 비디오 자료들을 검색해 놓은 것이고 YouTube는 사용자 커뮤니티 기반의 UCC 및 사용자 동영상 채널을 제공한다는 차이점이 있다. 그러므로 사용자가 직접 비디오를 업로드하고 자신의 비디오를 관리하는 기능은 YouTube에서만 제공된다. YouTube에 업로드되어 있는 동영상을 웹 페이지에 삽입하는 방법을 알아보자. http://www.youtube.com 을 방문하면 [그림 136]과 같은 YouTube 화면을 볼 수 있다.

[그림 136] YouTube.com 초기 화면의 예

이번에도 동영상을 '홈' 페이지에 삽입할 것이므로, 앞의 실습 결과에 의해 현재 홈 페이지에 삽입되어 있는 플래시 플래이용 가젯을 삭제하여 다시 빈 페이지로 만들도록 한다. 가젯의 삭제는 페이지 편집 모드에서 가젯을 클릭하면 나타나는 메뉴에서 'X'를 선택하면 된다.

다시 YouTube 창에서 검색 창에 'Google Apps'라고 입력 후 검색을 시작한다. 그 결과로는 [그림 137]과 같이 구글 앱스와 관련된 공식 혹은 비공식 안내 동영상들이 나타날 것이다. 이 중 'Google Apps Quick Tour'라는 제목을 가지고 있는 동영상을 선택하도록 하자. 다른 흥미있는 동영상을 원할 경

[그림 137] Google Apps 검색 결과

우에는 독자 여러분이 좋아하는 가수나 영화 이름으로 검색을 해서 사용해도 관계없다.

[그림 138] YouTube 플레이 화면

동영상을 선택하면 [그림 138]과 같이 동영상 플레이 화면이 나타난다. 이 플레이 화면 하단의 '공유' 버튼을 누르면, [그림 139]와 같이 이 영상을 공유 할 수 있는 주소가 하단에 나타나는데 이 주소를 'Ctrl + C' 키를 눌러서 복사 해 놓도록 한다. 본서의 경우 복사한 공유 주소는 다음과 같다.

http://youtu.be/kJT3pagjd8s

[그림 139] YouTube 동영상 공유 주소

이제 다시 구글 사이트 도구로 돌아가서 '홈' 페이지의 편집 모드로 들어간다. 동영상을 삽입하고자 하는 빈 곳을 클릭한 후, '삽입' 메뉴에서 '동영상' 메뉴를 선택하고, 다시 그 안에서 'YouTube'를 선택한다. 이 메뉴 선택 후에는 [그림 140]과 같은 YouTube 동영상 삽입 창이 나타난다. 이 창의 URL 입력란에 조금 전 복사해 두었던 해당 YouTube 동영상의 주소를 복사해 넣도록 한다. 그 아래 제목이나 테두리 표시 선택 사항은 필요에 따라서 조정하도록 한다.

YouTube 동영상 삽입

YouTube 동영상 URL을 붙여넣습니다.

예:
http://www.youtube.com/watch?v=Q5im0Ssyyus or
http://youtu.be/Q5im0Ssyyus

표시:

☐ YouTube 동영상 가젯에 테두리 표시

☐ 제목 표시:

저장   취소

[그림 140] YouTube 동영상 삽입

　　이제 '저장' 버튼을 누르면 YouTube 동영상의 삽입은 완료된다. 다시 페이지 편집 모드에서 '저장' 버튼을 눌러서 페이지를 저장하고 나면 삽입된 비디오를 플레이해볼 수 있다. [그림 141]은 삽입된 YouTube 동영상이 플레이되고 있는 화면이다. 만약 여러분이 직접 제작한 동영상을 삽입하고 싶은 경우에는 YouTube에 가입 후 동영상을 YouTube에 업로드 하는 과정을 거쳐야 한다. YouTube에 동영상을 업로드하는 과정은 컴퓨터 전문가가 아닌 일반인들도 쉽게 할 수 있도록 메뉴가 구성되어 있으니 일단 가입 후 단계적인 안내를 따르면 큰 어려움을 없을 것이다. 본서에서 구글 앱스의 사용법에 대한 자세한 사항을 다루기에는 본 주제를 벗어나므로, 이미 YouTube에 업로드된 동영상을 페이지에 삽입하는 방법까지만 설명을 진행한다. 한 가지 주의할 점은 YouTube에 업로드되어 있는 동영상을 삽입하여 사용할 경우 저작권에 문제가 없는 동영상인지는 꼭 확인해볼 필요가 있다.

[그림 141] YouTube 동영상이 삽입된 페이지

피카사 사진 삽입하기

피카사는 구글에서 제공하는 웹 앨범이다. 개인적으로 사진관리를 할 수도 있고, 가족이나 친구들과 사진을 공유해서 볼 수도 있다. http://picasaweb. google.com을 방문하면 [그림 142]와 같은 피카사 화면을 볼 수 있다. 앞에서 살펴본 YouTube와는 달리 피카사를 사용하기 위해서는 가입 절차가 필요하다. '계정 만들기' 버튼을 클릭하면 계정을 만들 수 있는데, 이미 구글 아이디가 있다면 하나의 아이디로 구글의 전체 서비스를 사용할 수 있으므로 별도의 계정을 만들 필요는 없다. 피카사에서는 사진과 관련된 많은 편의 기능들을 제공하지만, 본서에서는 피카사의 사진과 앨범을 구글 사이트 도구

[그림 142] 피카사웹 초기 화면의 예

를 사용하여 페이지에 삽입하는 단계를 위주로 설명할 것이다.

먼저 피카사웹에 업로드할 사진을 구해보자. 자신의 컴퓨터에 가지고 있는 어떤 사진이라도 업로드할 수 있다. 웹 페이지에는 단일 사진 단위로 삽입할 수도 있고, 앨범 단위로 삽입할 수도 있다. 실습을 위하여 두 장정도의 사진을 준비해보자. 본서에서는 무료 라이센스(CCL)로 자연의 사진을 제공하고 있는 http://www.freenaturepictures.com에서 [그림 147]과 [그림 148]과 같이 두 장의 사진을 다운 받아 사용해보았다.

[그림 143] 사진 1

[그림 144] 사진 2

피카사를 처음 사용한다면 로그인 후 간단한 자신의 프로필을 입력하게 된다. 그 다음으로는 [그림 145]와 같이 웹 앨범을 시작할 수 있는 안내를 보여준다. 현재 만들어져 있는 앨범이 하나도 없기 때문이다. 화면의 안내대로 피카사용 소프트웨어를 다운로드 받아 컴퓨터에 설치하면 보다 손쉽게 사진

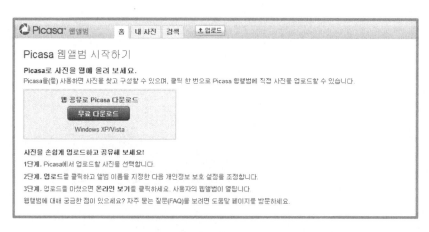

[그림 145] 피카사웹 초기 로그인 후 화면

을 관리하고 업로드할 수 있다. 만약 이 과정이 번거롭다면 다운로드를 하지 않고, 우측 상단의 '업로드' 버튼을 사용해도 웹 브라우저 상에서 사진의 업로드가 가능하다. 본서에서는 간단히 사진을 업로드한 후 구글 사이트 도구의 실습을 진행하기 위하여, 상단의 '업로드' 버튼을 클릭해보자.

'업로드' 버튼을 누른 후에는 [그림 146]과 같은 앨범 만들기 창이 뜨며, 이곳에 자신이 만들고자 하는 앨범 이름을 입력해주면 된다. 앨범이란 사진들을 종류별로 구분하여 보관하는 단위를 말한다. 본 서에서는 앨범의 이름을 '동물 앨범'이라고 입력하였다. 이 앨범에 사진을 업로드하기 위해서는 화면의 중앙으로 업로드할 사진을 마우스로 끌어다 놓으면 된다. 혹은 중앙의 '컴퓨터에서 사진 선택' 버튼을 눌러서 사진을 선택해도 결과는 같다.

[그림 146] 사진 업로드 화면

본서에서는 앞에서 설명한 사진 두 장을 업로드하였으며, [그림 147]과 같이 두 장의 사진이 앨범에 업로드되어 있는 것을 볼 수 있다.

[그림 147] 앨범에 업로드된 사진들

이제 업로드해 놓은 사진들을 구글 사이트 도구 페이지에 삽입해볼 차례이다. 편의상 사진을 삽입하는 연습도 '홈' 페이지에서 해보도록 하겠다. 현재 '홈' 페이지에 삽입되어 있는 YouTube 동영상을 삭제하여 빈 페이지로 만들자.

페이지 편집 화면에서 사진을 삽입하고자 하는 곳을 클릭한 후, '삽입'메뉴의 'Picasa 사진' 메뉴를 선택하면 [그림 148]과 같이 자신이 피카사에 업로드 해놓은 앨범이 나타난다. 본서에서는 구글 사이트 도구와 피카사에 동일한 아이디를 사용하기 때문에 로그인된 아이디에 해당되는 피카사 앨범이 나타난다. 화면에 보이는 앨범은 피카사에서 만들고 사진을 업로드 해 놓은 '동물 앨범' 앨범이다. 이 앨범을 선택한 후 다시 원하는 사진을 선택하면 피카사 사진의 삽입은 완료된다. [그림 149]는 피카사 사진이 페이지에 삽입된 결과이다.

[그림 148] 사진 삽입 화면

[그림 149] 사진이 삽입된 결과

피카사를 사용하여 구현할 수 있는 기능을 하나 더 소개한다. 앞의 예에서 피카사의 사진 한 장을 웹 페이지에 삽입해 보았는데, 이 기능만으로는 피카사의 강점을 체험하기에는 부족한 감이 있다. 피카사를 사용하면 여러 장의 사진을 슬라이드 형태로 만들어 자동으로 보여줄 수도 있다. 이런 기능은 홈페이지의 첫 페이지의 장식이나 제품 소개 페이지 등에 널리 사용되고 있다. 이런 효과를 위해서는 일반적으로 플래시나 JavaSciprt라는 언어를 사용해서 별도로 슬라이드 앨범을 구현을 하곤 한다. 하지만 피카사를 사용할 경우에는 단지 몇 번의 클릭만으로 이런 멋있는 효과의 구현이 가능하다.

슬라이드 쇼를 위해서는 '삽입' 메뉴에서 'Picasa 웹 슬라이드 쇼'를 선택하거나, [그림 148]화면의 좌측 메뉴에서 'Picasa Photos' 대신 'Picasa Albums'를 선택하면 된다. 이 메뉴의 선택 후에는 [그림 150]과 같은 입력창이 나타난다. 웹 앨범 URL은 이미 자동으로 입력되어 있으니 별도의 수정은 필요가 없다. 그 밖에 자동 실행, 제목, 테두리 등의 선택사항은 자신의 필요에 맞도록 선택해주면 된다. [그림 151]은 웹 앨범이 삽입된 결과이다. 자동으로 슬라이드쇼가 시작되며, 잠시 멈추는 기능이나 다음 사진으로 가기 등의 제어 기능의 실행도 가능하다.

[그림 150] 웹 앨범 슬라이드쇼 삽입

[그림 151] 앨범 슬라이드쇼 삽입 결과

직접 사진을 입력하기 않고 피카사를 사용할 때의 장점은 다음과 같이 정리해볼 수 있다.

- 사진 관리를 편리하게 할 수 있으며 사진의 재활용이 편하다.
- 슬라이드 쇼 등 피카사의 다양한 지원 기능을 활용할 수 있다.
- 홈페이지 용량 확장 효과가 있다.

구글 사이트 도구의 무료 홈페이지 계정에 대해서는 각 홈페이지별로 100MB를 제공한다. 한편 홈페이지 수는 제한하지 않는다. 원하는 수만큼의 홈페이지 제작은 가능하지만 각 홈페이지에 대해서는 100MB의 용량 제한이 있다. 하지만 구글 앱스를 통합하여 사용할 경우 문제가 되지 않는다. 사진은 피카사를 활용하고, 동영상은 YouTube를 연결하고, 발표자료나 문서는 구글 문서 도구를 사용하면 되기 때문이다.

프리젠테이션 연결을 활용한 효과적 정보 전달

프리젠테이션은 구글 문서 도구의 한 부분이다. 구글 문서도구는 오프라인 컴퓨터에 설치되어 있던 오피스 종류의 소프트웨어를 웹상에 구현한 선구자적 역할을 하였다. 이는 클라우드 컴퓨팅의 실용성을 입증하기 시작한 초기 시도라고도 할 수 있다. 사용자의 데이터는 사용자의 컴퓨터에 저장되지 않고, 인터넷 공간에 저장되기 때문에 언제 어디서나 접근하여 사용할 수가 있다. 문서 작성을 위하여 별도의 소프트웨어를 설치할 필요도 없기 때문에, 비용이 들지 않고, 업데이트 걱정도 없다. 가장 큰 강점은 문서의 공유가 손쉽기 때문에 문서를 전송하지 않고도 다양한 협업이 가능하다는 점이다. 심지어는 하나의 문서를 여러 사람이 동시에 편집할 수도 있다. 이 때 여러 사용자에 의한 문서의 동기화 문제는 구글이 자동으로 처리해준다.

구글 문서도구는 문서, 프리젠테이션, 스프레드시트, 양식, 그림, 컬렉션 등 6가지 요소로 구성된다. 모두 오피스 형태의 기능을 가진 웹 기반 소프트웨어들이다. 본 서에서는 이 중 마이크로소프트 오피스의 파워포인트에 해당하는 기능을 하는 프리젠테이션을 사용하여 간단한 프리젠테이션을 하나 만들고 이를 구글 사이트 도구에 삽입하는 과정에 대해 살펴볼 것이다. 나머지 다섯 개의 오피스 요소들은 콘텐트의 성격만 다를 뿐, 생성되고 웹 페이지에 삽입되는 과정은 큰 차이가 없다.

구글 문서 도구를 사용하기 위해서는 http://docs.google.com 를 방문하면 되며, [그림 152]는 구글 문서 도구의 초기 화면을 보여준다. 구글 아이디를 가지고 있을 경우 구글 문서 도구에도 그대로 사용할 수 있다.

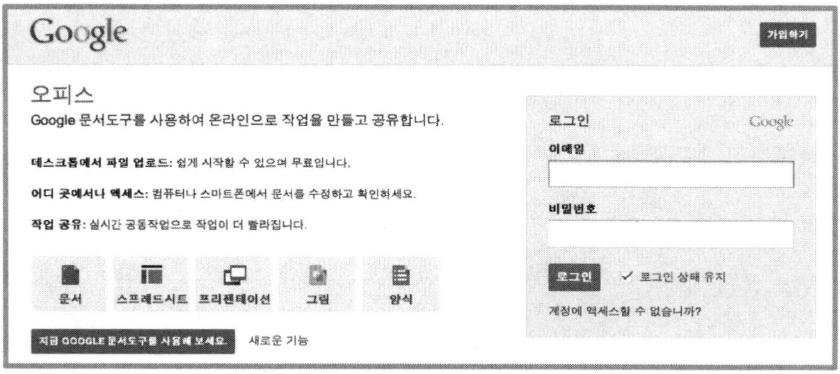

[그림 152] 구글 문서 도구

구글 문서 도구에 로그인하면 이미 만들어 놓은 문서 목록과 메뉴들이 나타나는데, 처음 사용해보는 경우라면 [그림 153]과 같이 중앙의 문서 부분은 비어있을 것이다. 이 곳의 문서들을 클릭하면 편집 창이 나타나며 마치 워드 프로세서를 사용하듯이 다시 편집할 수 있다. 문서들이 많아질 경우 폴더를 만들어 관련된 문서들끼리 구분하여 저장할 수 있다. 구글 문서 도구의 문서들은 pdf 파일이나 마이크로소프트 오피스 파일(워드 및 파워포인트)로도 변환하여 다운로드 받을 수 있으므로, 업무 호환성이 매우 높은 강점을 가지고 있다.

[그림 153] 구글 문서 도구 처음 화면

[그림 154]와 같이 프리젠테이션 문서를 만들기 위해, 좌측의 '만들기' 버튼을 누르고, '프리젠테이션'을 선택한다.

[그림 154] 새로운 프리젠테이션 메뉴

만들기 과정에서 원하는 테마를 선택을 하고 나면, [그림 155]와 같은 프리

젠테이션 편집화면이 나타난다. 본 서의 예에서는 두 페이지 분량의 프리젠

테이션을 만들었다. 본서의 주제가 구글 사이트 도구인 관계로 구글 앱스에

해당하는 프리젠테이션 제작 과정을 별도로 자세히 설명하기는 어렵기 때문

에, [그림 155] 화면의 메뉴를 적절히 활용하여 간단하게라도 두 페이지 정도

의 프리젠테이션을 만들어 테스트해볼 것을 권한다. 현재 상태에서는 페이

지 디자인에 너무 노력을 기울일 필요는 없으며, 아무 내용이라도 두 페이지

분량의 프리젠테이션 문서를 만들면 구글 사이트 도구 실습용으로 충분하

다. 완성된 프리젠테이션은 '구글 문서도구와 웹'이라는 제목으로 저장하도

록 한다. 상단에 위치한 문서 제목 부분을 클릭하면 나타나는 문서 제목 입력

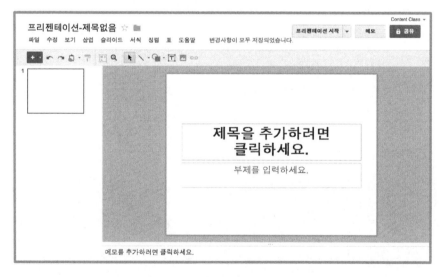

[그림 155] 프리젠테이션 편집 화면

창에서 문서 제목을 지정할 수 있다. 본서에서 작성한 프리젠테이션 문서는 [그림 156]과 같다.

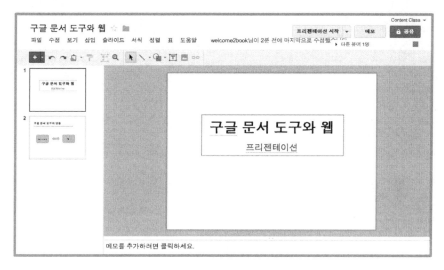

[그림 156] 프리젠테이션 예

이제 현재 편집중인 웹 페이지에 프리젠테이션을 삽입할 차례이다. 프리젠 테이션 삽입 실습을 하기 위하여 현재의 '홈' 페이지의 내용을 모두 지워 빈 페이 지로 만든다. 페이지의 빈 곳을 클릭한 후 '삽입' 메뉴의 '프리젠테이션' 메뉴를 선택하다. 이 때 [그림 157]과 같이 이미 구글 문서도구에 작성해 놓은 관련 문서 들이 자동으로 나타나며, 이 중 페이지에 삽입을 원하는 문서를 선택하면 된다. 현재 화면에서는 앞의 구글 문서 도구에서 작성해 놓은 '구글 문서도구와 웹'이 라는 프리젠테이션이 보이며, 이를 클릭 후 '선택' 버튼을 누르도록 한다.

삽입...   ×

Google 문서도구
   문서
   프리젠테이션   ☐ ☐ 구글 문서 도구와 웹   오전 12:14
   스프레드시트
   양식
   동영상
   폴더
캘린더
지도
내 지도
사진 업로드
Picasa Photos
Picasa Albums
최근 선택항목

또는 웹주소 붙여넣기:

[선택] [취소]

[그림 157] 프리젠테이션 선택

원하는 프리젠테이션을 선택한 후에는 [그림 158]와 같은 설정 창이 나타
난다. 이 설정 창에서는 프리젠테이션의 크기나 테두리의 유무 등을 설정할
수 있다. 프리젠테이션의 경우 자동 시작 유무도 중요하다. 웹 페이지가 로드
되면서 자동으로 프리젠테이션이 동작하도록 하기 위해서는 '플레이어가 로
드되면 슬라이드쇼 바로 시작'을 체크해주고, 계속 프리젠테이션이 반복되
도록 하고 싶으면 '마지막 슬라이드 이후 슬라이드쇼 다시 시작'을 체크해주
면 된다.

[그림 158] 프리젠테이션 삽입 설정

삽입된 프리젠테이션의 결과는 [그림 159]와 같다. 웹페이지가 로드되면서 두 페이지 분량의 프리젠테이션이 자동으로 반복 플레이된다. 플레이용 제어 페널도 같이 나타나기 때문에 사용자가 플레이 상태를 조절할 수도 있다. 원래 프리젠테이션 삽입의 목적은 효과적인 내용 표현이지만, 테두리를 없애고, 크기를 조정하면 마치 플래시를 사용하는 듯한 효과도 낼 수 있으므로 디자인 목적으로 사용하기에도 편리한 기능이다. 프리젠테이션의 수정을 원할 경우에는, 구글 문서 도구로 가서 수정을 하면 웹페이지의 내용은 자동으로 변경된다.

[그림 159] 프리젠테이션 삽입 결과

구글 캘린더를 활용한 일정 정보 표시

구글 앱스의 캘린더는 온라인 일정관리 소프트웨어라고 생각하면 된다. 로그인하여 일정을 입력해 놓으면 인터넷이 연결된 어느 곳에서라도 일정의 확인 및 변경이 가능한 편리한 기능을 제공한다. 구글 캘린더는 별도의 주소로 접근하기 보다는 gmail이나 구글 사이트 도구와 같은 구글 앱의 상단에 나타나는 메뉴를 클릭하여 접근하는 것이 가장 편리하다.

캘린더를 클릭하면 캘린터의 기본 모양이 나타나는데 그 모양은 [그림

160l과 같다. 구글 캘린더를 보는 방법은 월별, 주별, 일별, 4일별, 일정별 등
의 모드가 있다. 이 중 가장 일반적인 모드인 월별을 선택해놓도록 한다. [그
림 160]은 월별 모드가 선택된 화면이다. 일정을 입력하기 위해서는 해당 날
짜를 클릭하고 입력란에 일정을 입력하면 된다.

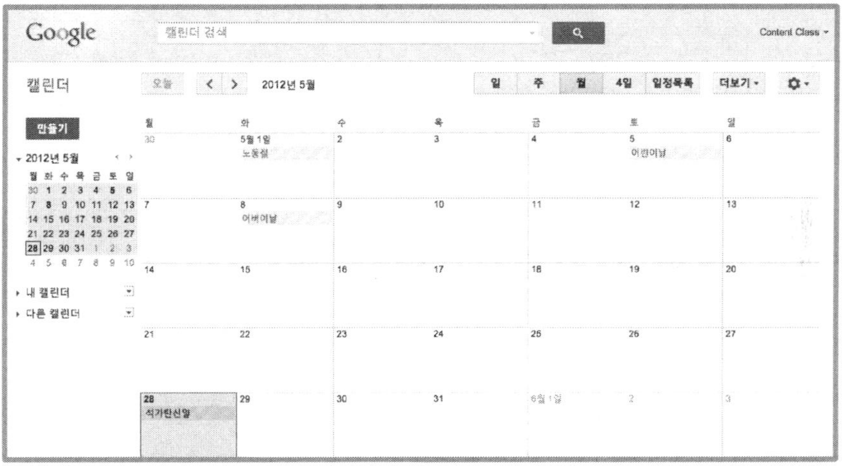

[그림 160] 구글 캘린더

현재 실습 중인 '홈' 페이지의 내용을 모두 삭제한 후 캘린더를 입력해보기
로 한다. 현재 페이지의 내용을 삭제하고 빈 곳을 클릭한 후 '삽입' 메뉴의 '캘
린더'를 선택한다. 이 때 [그림 161]과 같이 우측 화면에 나타나는 일정 항목
들 중 원하는 항목을 선택한다. 본서에서는 가장 윗부분의 계정 이름을 선택
하였다.

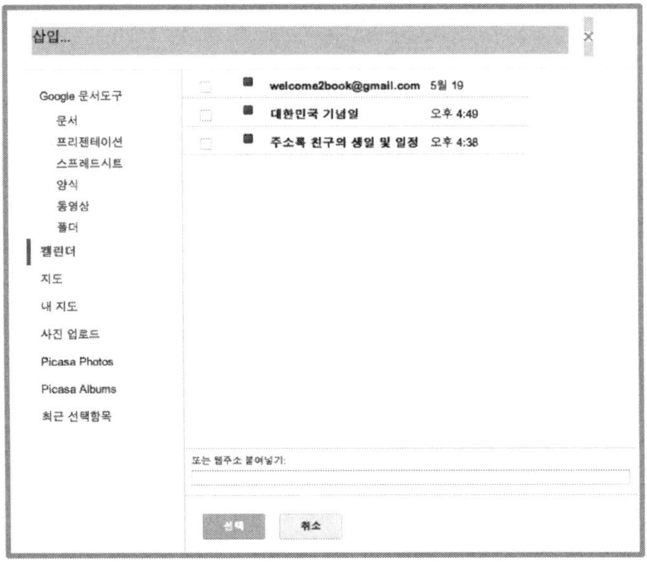

[그림 161] 구글 캘린더 선택

    캘린더를 선택한 후에는 [그림 162]와 같은 캘린더 설정창이 나타난다. 이 창에서 캘린더의 크기나 캘린더의 모양을 지정할 수 있다. 필요한 설정 값을 따라서 캘린더를 설정해보자. 다만 실습을 위한 적절한 크기를 위하여 높이는 300픽셀 넓이는 400픽셀 정도를 선택해두자. '저장' 버튼을 누르면 설정이 완료되며 [그림 163]과 같이 웹 페이지 내에 캘린더가 삽입된 결과를 볼 수 있다. 구글 캘린더는 회사나 학교의 이벤트 공지, 프로젝트 일정 협업 등에도 사용할 수 있고, 제품 발표와 같은 외부 공지용으로도 효과적으로 사용될 수 있다. 캘린더의 일정 내용이 변경되면 웹페이지에 삽입된 캘린더 역시 자동으로 변경되므로 업데이트 걱정도 필요 없으며, 업데이트도 매우 쉬운 것이 장점이다.

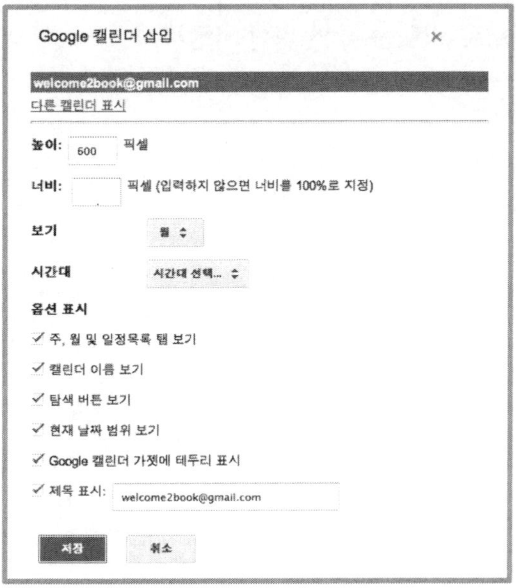

Google 캘린더 삽입 ✕

welcome2book@gmail.com
다른 캘린더 표시

높이: 500 픽셀

너비: 픽셀 (입력하지 않으면 너비를 100%로 지정)

보기 월 ⬍

시간대 시간대 선택... ⬍

옵션 표시

✓ 주, 월 및 일정목록 탭 보기

✓ 캘린더 이름 보기

✓ 탐색 버튼 보기

✓ 현재 날짜 범위 보기

✓ Google 캘린더 가젯에 테두리 표시

✓ 제목 표시: welcome2book@gmail.com

저장 취소

[그림 162] 구글 캘린더 설정

[그림 163] 구글 캘린더가 삽입된 모습

구글 지도로 약도는 물론 위성 사진까지!

불과 십 여 년 전까지만 해도 영화에서나 볼 수 있었던 일들이 이제는 일상적인 것이 되어가고 있다. 구글 지도 역시 그 중 하나라고 할 수 있다. 구글 지도를 사용하면 여러분의 홈페이지에 원하는 지역의 지도를 넣을 수 있다. 이 지도는 단순한 지도 이미지와는 다르다. 사용자가 축소, 확대, 지역 이동까지 자유롭게 할 수 있다. 심지어는 위성사진으로 설정을 바꾸어 실제 지형을 확인할 수도 있고, 해당 지역의 거리 풍경을 파노라마 사진으로 볼 수도 있다. 구글 지도는 이런 지리적 정보이외에도 해당 지역에 위치한 호텔, 식당, 병원, 학교 등 다양한 부대시설 정보도 제공하므로 매우 유용성이 높다.

구글 지도의 삽입을 위하여 현재 '홈' 페이지의 내용을 모두 삭제한 후 지도를 삽입하고자 하는 빈 곳을 클릭한다. '삽입' 메뉴의 '지도'를 선택하면 [그림 164]와 같이 지도를 삽입하기 위한 창이 나타난다. 이 때 나타나는 지도는 전 세계가 표시되어 있다. 좌측의 화살표 버튼을 사용하거나 마우스로 드래깅을 하면 지도를 이동할 수 있고, '+'와 '-' 버튼을 사용하면 지도를 확대하거나 축소할 수 있다. 여러분이 원하는 지역이 화면에 확대되어 나타나도록 지도를 조절해보자.

[그림 164] 구글 지도

[그림 165]는 검색창에 '서울역'을 입력하여 서울역 부근의 지도가 표시되도록 지도를 조정한 결과이다. 마우스로 원하는 지역을 찾아갈 수도 있지만, 검색어를 사용하면 더 쉽게 원하는 지역의 지도를 얻을 수 있다. 지도의 배율과 지역의 선택이 끝나면 '선택' 버튼을 누르도록 한다. 만약 지도가 아닌 위성에서 촬영한 실제 사진을 넣고 싶다면 우측 상단의 '위성' 버튼을 누르면 된다.

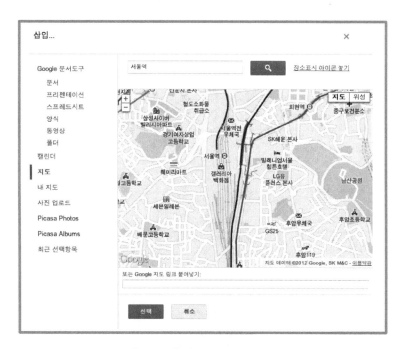

[그림 165] 구글 지도 검색 결과

지도를 조정한 후 '선택' 버튼을 누른 후에는 [그림 166]과 같은 지도 설정 창이 나타나는데, 이 창에서 지도의 크기, 테두리, 제목 등에 대하여 설정할 수 있다. 지도의 너비와 높이는 약 400픽셀과 300픽셀로 설정해보자. [그림 167]은 위 과정을 통해 지도가 웹 페이지에 삽입된 결과를 보여주고 있다. 구글 지도 기능은 개인적 혹은 학습적인 목적은 물론 각종 비즈니스 업무에도 매우 유용하게 사용될 수 있을 것이다.

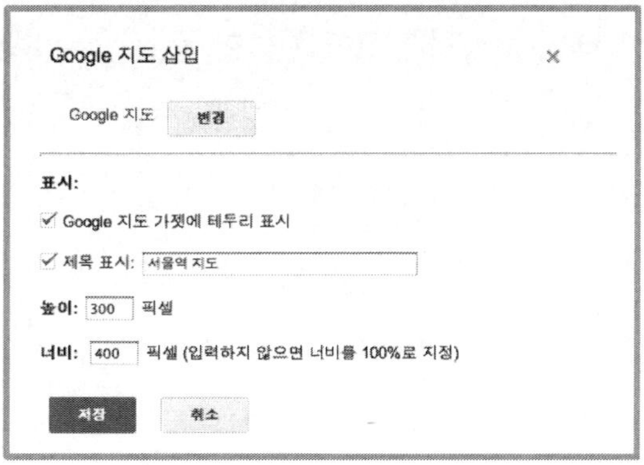

[그림 166] 구글 지도 설정

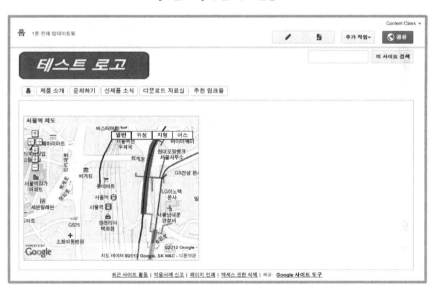

[그림 167] 구글 지도가 삽입된 모습

웹 프로그래밍을 하지 않고도 가능한 폼(form) 입력

홈 페이지에서 폼이라는 개념은 회원가입시의 입력창을 생각하면 이해가 쉽다. 홈페이지 상에 나타나는 각종 입력 창은 텍스트 창, 선택 버튼, 라디오 버튼 등의 입력 양식으로 구성된다. 흔히 비즈니스용 홈페이지에는 문의사항이나, 견적 요청 등의 메시지를 남길 수 있는 기능을 포함하고 있다. 기존의 홈페이지 제작 방식에서 폼 입력을 구현하기 위해서는 웹 서버 및 데이터베이스 작업은 물론 웹 프로그래밍까지 필요한 복잡한 작업 과정을 요한다. 하지만 구글 사이트 도구에서는 구글 앱스를 사용하여 수 분 내에 이 기능을 구현할 수 있다. 클릭 몇 번으로 고객으로부터 문의나 피드백을 받을 수 있는 폼 구현이 가능하다는 점만으로도 구글 사이트 도구는 충분한 매력을 가지고 있다.

구글 사이트 도구의 입력 양식을 구현하기 위해서는 구글 앱스 중의 하나인 구글 문서 도구의 도움을 필요로 한다. 앞에서 설명된 구글 문서 도구의 설명을 참조하여 별도의 브라우저 창에서 http://docs.google.com 주소로 이동하면 구글 문서 도구 화면이 나타난다. 앞에서는 '만들기' 메뉴의 '프리젠테이션'을 선택해본 적이 있었다. 이번에는 '만들기' 메뉴에서 '양식'을 선택하여 양식 편집 화면으로 들어가도록 한다.

양식 생성창의 초기 화면은[그림 168]과 같이 샘플 질문 몇 개가 이미 양식에 들어있는 상태로 나타난다. 이 샘플들은 필요가 없으므로 각 샘플 질문들

을 각각 클릭 후 우측의 휴지통 모양의 아이콘을 만들어서 모든 질문 항목들

을 삭제하도록 한다. 샘플 필드가 모두 삭제된 결과는 [그림 169]와 같다.

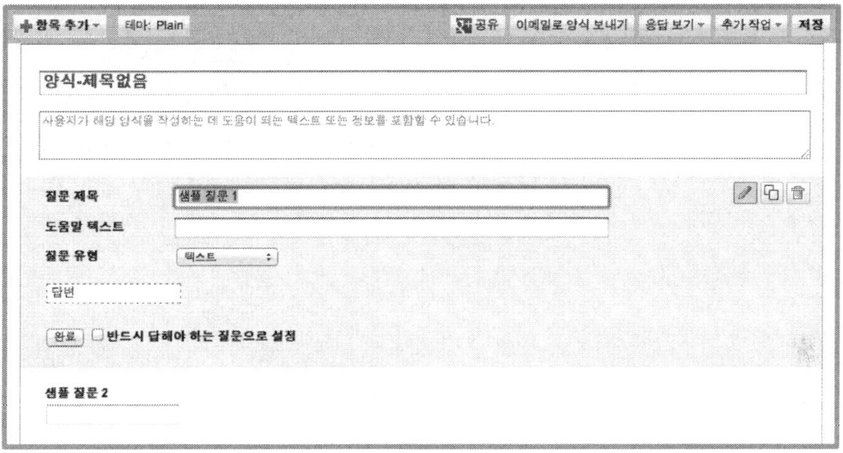

[그림 168] 양식 만들기 창의 초기 화면

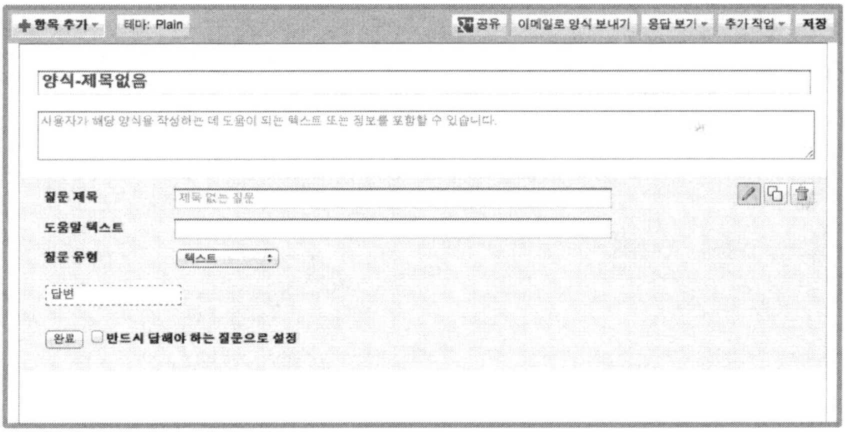

[그림 169] 초기 샘플을 지운 후의 양식 화면

[그림 169]의 화면에서 가장 위 부분에 있는 필드에는 양식의 이름을 입력한다. 양식의 이름은 사용자에게 보이는 것은 아니고, 마치 파일명과 같이 내부적인 구분일 뿐이므로 자신이 원하는 이름을 넣으면 된다. 이 양식의 이름을 지정하는데, 본 예에서는 'Ask Form'이라고 입력을 할 것이다. 다음으로 본 양식에서 사용할 첫 필드 제목을 '이름'이라고 입력한다. 이 필드의 유형은 텍스트 형식으로 할 것인데, 아래의 질문 유형 항목에 이미 '텍스트'가 기본적으로 선택되어 있으므로 질문 유형 부분은 그대로 두면 된다. 아래 부분의 '반드시 답해야 하는 질문으로 설정'을 체크하여 필수 입력 항목이 되도록 한다. 필드 설정이 끝내고 '완료' 버튼을 누르면 필드가 추가된다.

[그림 170]은 첫 필드 '이름'이 추가된 결과를 보여준다. 새로운 필드 추가를 위해서는 좌측 상단의 '항목 추가' 버튼을 누른 후 위와 같은 방법으로 추가하면 된다. '이메일'과 '메시지' 필드도 추가해본다. '항목 추가' 버튼을 누르면 추가할 여러 가지 타입이 나타나는데, 본 예에서 사용할 '이름'과 '이메일' 필드는 '텍스트'를 선택해주고, '메시지'와 같이 여러 줄로 이루어진 텍스트의 입력을 위해서는 '단락 텍스트'를 선택해주면 된다. 독자 여러분들도 '이름' 필드에 이어 '이메일'과 '메시지' 필드도 추가해보자.

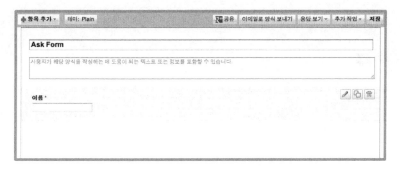

[그림 170] 이름 필드 추가 결과

[그림 171]은 위의 과정을 통하여 이름, 이메일, 메시지가 추가되어 완성된 폼을 보여준다. 만약 메시지 필드, 즉 단락 텍스트 부분의 크기를 변경하고 싶으면 우측 하단을 드래깅해서 단락 텍스트 영역의 크기를 변경할 수 있다. 폼이 완성된 후에는 우측 상단의 '저장' 버튼을 눌러서 폼을 저장하자.

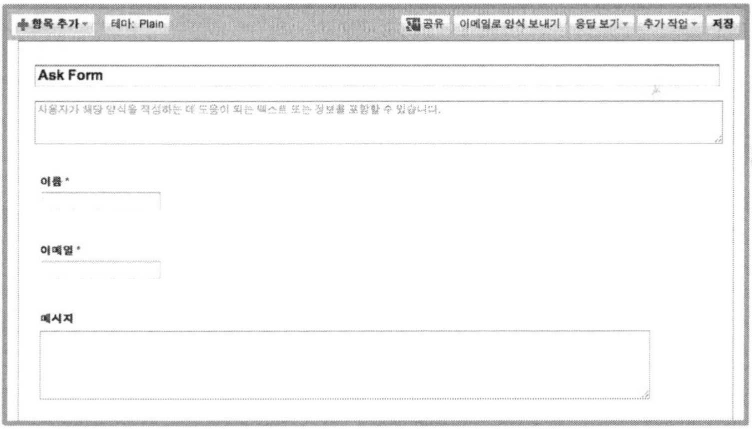

[그림 171] 완성된 양식 구성 〈파일 : formcomplete.bmp〉

[그림 172] 생성된 폼

다시 구글 문서도구로 돌아와 보면 [그림 172]에서 보이는 목록에서와 같이 Ask Form이라는 양식이 생성되어 있는 것을 확인할 수 있다. 'Ask Form' 문서를 클릭해서 편집화면으로 이동하면 [그림 173]과 같은 모양으로 나타난다. 이제 이 양식에 대한 스크립트를 추가할 차례이다. 스크립트는 양식과 관

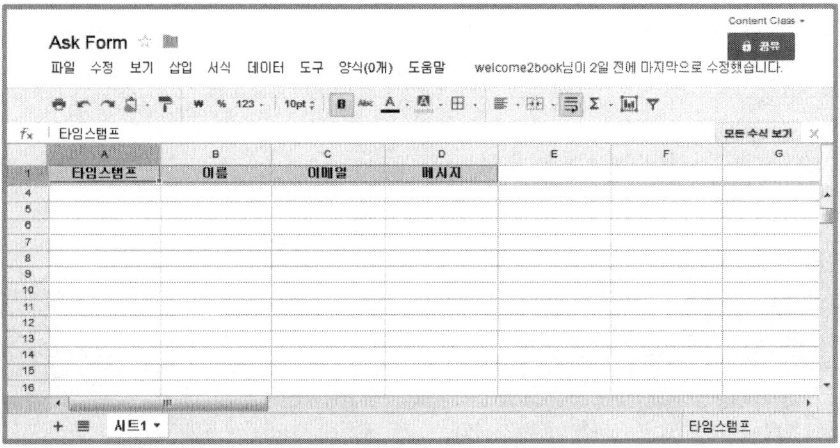

[그림 173] 폼 편집 화면

런된 일종의 프로그램인데, 일반 사용자는 주어진 스크립트를 추가하는 것만으로 폼을 사용할 수 있으니 어렵게 느낄 필요는 없다. 이 화면에서 '도구' 메뉴의 '스크립트 갤러리'를 선택하도록 한다.

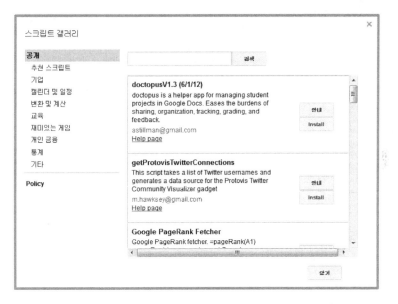

[그림 174] 스트립트 갤러리

[그림 174]와 같이 화면에 스크립트 갤러리가 나타나면 좌측에서 '공개' 메뉴를 선택 후, 검색 창에 'contact us'를 입력 후 검색 버튼을 누르면, [그림 175]와 같이 'Contact Us Form Mailer'라는 스크립트가 나타난다. 이 중 가장 상단에 있는 스크립트를 설치해보기로 한다. 가장 상단에 있는 스크립트의 우측에 있는 버튼 중 'Install' 버튼을 누른다.

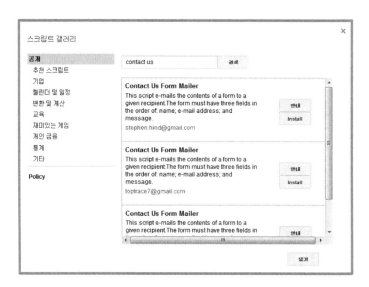

그림 175 'contact us' 검색 결과

설치 과정에서 [그림 176]과 같은 인증 창이 나타나면, 'Authorize(인증)'버튼을 누른 후 다시 '닫기' 버튼을 눌러서 스크립트 설치를 완료한다. 스크립트 설치 과정을 모두 마치면 [그림 177]과 같이 'Installed(설치됨)'이라는 메시지를 볼 수 있다. '닫기' 버튼을 눌러서 스크립트 갤러리에서 나간다.

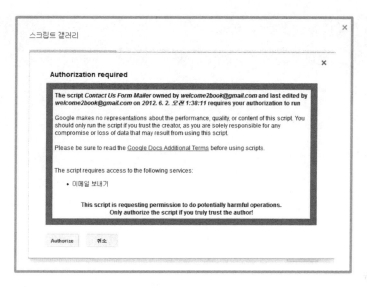

[그림 176] 인증창

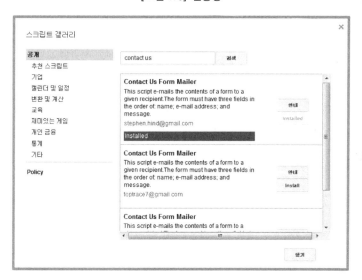

[그림 177] 인증 후 화면

이제 새로 생성한 폼 'Ask Form'에는 폼이 동작할 수 있는 스크립트가 추가

되었다. 그런데 추가된 스크립트의 정확한 동작을 위해서는 추가적인 수정

이 필요하다. 이를 위하여 '도구' 메뉴의 '스크립트 편집기'를 선택하면 [그림

178]과 같은 스크립트 편집기가 나타난다. 복잡해 보이는 스크립트 코드가

보이지만 이를 이해할 필요는 전혀 없으니 걱정할 필요는 없다.

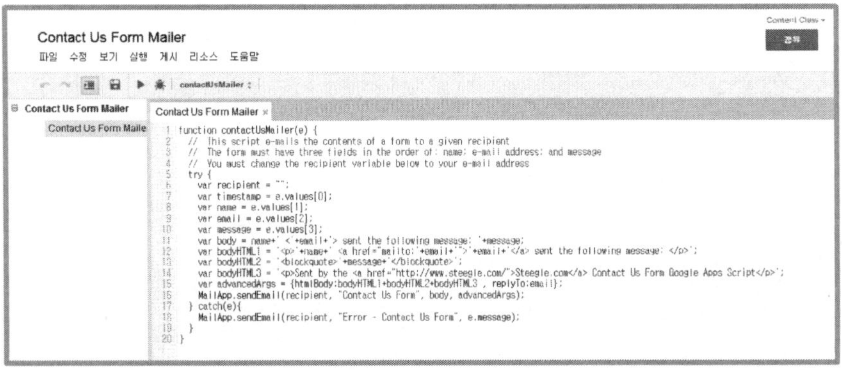

[그림 178] 스크립트 편집기

이 스크립트에 한 가지 혹은 두 가지 정도의 수정만 해주면 스크립트 편집

에 관련된 작업은 끝난다. 먼저 여섯 번째 줄을 보면 다음과 같이 쌍 따옴표

사이에 아무 것도 들어 있지 않을 것을 볼 수 있다. 이 부분에 자신의 이메일

주소를 입력해 놓으면 방문자가 폼을 제출할 때, 즉 등록할 때 여러분에게 메

일이 도착하여 메시지의 도착을 바로 알 수 있도록 할 수 있다.

```
var recipient = "";
```

이 부분을 수정하여 다음과 같이 자신의 이메일 주소를 입력하도록 하자. 본서에서는 필자의 이메일 주소인 welcome2books@gmail.com 을 입력하도록 하겠다.(여러분은 각자의 이메일 주소를 입력하도록 하자.)

```
var recipient = "welcome2books@gmail.com";
```

이렇게 이메일 주소의 입력만으로도 충분하지만 몇 가지 정보를 더 자신에 맞도록 수정하고 싶은 독자들은 스크립트 코드의 중간 부분에 있는 다음 라인을 추가적으로 더 수정할 수 있다. 자세히 보면 이 가젯의 제작자 홈페이지인 'http://www.steegle.com/'과 'Steegle.com'이라는 메시지가 입력되어 있는 것을 볼 수 있는데, 이것은 그대로 두어도 상관이 없지만, 자신만의 메시지로 변경을 할 수도 있다. 실습을 간단하게 만들기 위하여 본서에서는 이 부분에 대한 수정은 하지 않고 그대로 두고 진행하도록 한다. 향후에 필요할 경우 독자 여러분이 수정해보기 바란다.

```
var bodyHTML3 = '<p>Sent by the <a
href="http://www.steegle.com/">Steegle.com</a> Contact Us Form Google
Apps Script</p>';
```

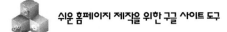

아직 문서를 닫지 말고 '리소스' 메뉴의 '현재 스크립트의 트리거 보기' 메뉴를 선택하도록 한다. 이 때 [그림 179]와 같은 질문 창이 나타나면, 중앙의 'No triggers set up. Click here to add one now.' 부분을 클릭한다.

Current project's triggers
No triggers set up. Click here to add one now.
저장   취소

[그림 179] 현재 스크립트 트리거 보기

다시 [그림 180]과 같은 창이 나타나면 세 번째 부분을 'On form submit'으로 변경해준다. 'On form submit'은 '양식 제출 시'라는 의미로 사용자가 양식을 제출하기 위한 버튼을 누를 때 이메일로 전송 사실을 알려주도록 하겠다는 의미이다.

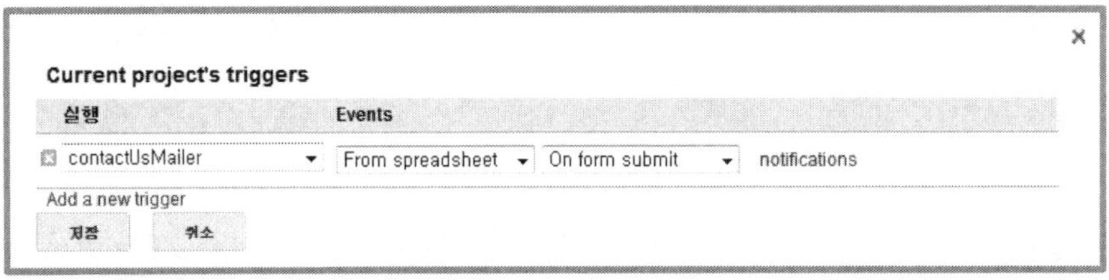

Current project's triggers

실행	Events		
☒ contactUsMailer ▼	From spreadsheet ▼	On form submit ▼	notifications

Add a new trigger
저장   취소

[그림 180] 트리거 이벤트

설정이 끝나면 '저장' 버튼을 누른 후, 다시 스크립트 편집창에서도 메뉴를 사용하여 변경된 스크립트를 저장하고 해당 브라우저를 닫는다. 이제 구글 문서 도구에서의 폼 관련 작업은 완료 되었다. 혹시 저장하는 과정에서 인증 (authorization)을 요청하면 인증을 해주도록 한다. 이번에는 다시 구글 사이트 도구로 이동하여 지금까지 만들어 놓은 양식을 웹 페이지에 삽입하기 위한 방법을 알아보자.

구글 사이트 도구로 이동하여 이번에는 '문의 하기' 페이지에 위에서 만든 양식을 넣어보기로 한다. '문의 하기' 페이지는 이미 앞의 실습 과정에서 추가해 놓았었다. '페이지 수정' 버튼을 눌러서 페이지를 편집 모드로 들어간다.

빈 곳을 클릭하고 '삽입' 메뉴의 '스프레드시트 양식'을 선택한다. 이 때 [그림 181]과 같은 창이 나타나며, 앞의 과정에서 추가해 놓은 폼의 제목 'Ask Form'이 목록에 나타난다. 이 폼을 선택 후 '선택' 버튼을 누르면 폼이 선택되면서, [그림 182]와 같은 폼에 대한 설정 창이 나타난다. 이 창에서 테두리, 제목, 화면 크기 등을 설정하게 된다. 본서에서는 테두리와 제목은 해제를 해 놓도록 하겠다. 이제 웹 페이지를 저장하고 나가면 양식의 삽입은 완료된다.

[그림 181] 스프레드시트 양식 선택

[그림 182] 스프레드시트 양식 설정

모든 작업의 완료 후의 결과가 [그림 183]과 같이 나타나면 성공적으로 폼이 웹페이지에 삽입된 것이다.

테스트 로고

홈 제품 소개 문의하기 신제품 소식 다운로드 자료실 추천 링크들

* 필수항목

이름 *

이메일 *

메시지

보내기

Powered by Google 문서도구

악용사례 신고 · 서비스 약관 · 추가약관

[그림 183] 완성된 사용자 제출 양식

이 폼이 정상적으로 작동하는지를 점검하기 위하여 양식에 이름, 이메일 주소, 메시지를 입력 후 '보내기' 버튼을 눌러본다. 앞에서 설정한 이메일 주소에 제출된 메시지가 도착할 것이다. [그림 184]는 양식 제출 시 이메일이 도착한 예이다. 또한 [그림 185]와 같이 구글 문서 도구로 가서 'Ask Form'을 열어보면 사용자가 제출한 메시지가 기록이 되어 있을 것이다. 이 양식에서 각

메시지는 읽은 후 필요가 없으면 삭제할 수도 있다. 본서에서는 양식의 이름을 'Ask Form'으로 하여 테스트해보았지만, 자신이 원하는 다른 이름으로 양식을 원하는 수만큼 만들 수 있으니 홈페이지 별로 필요한 스프레드시트 양식을 만들어서 사용하면 될 것이다.

welcome2book@gmail.com 도메인: maestro.bounces.google.com
나에게 ⬇

홍길동 welcome2books@gmail.com sent the following message:

견적에 대하여 문의를 드립니다.

...

welcome2book@gmail.com 도메인: maestro.bounces.google.com
나에게 ⬇

강감찬 welcome2books@gmail.com sent the following message:

질문을 드립니다.

...

[그림 184] 사용자 양식 제출 시 도착한 이메일

Ask Form ☆ 📄
파일 수정 보기 삽입 서식 데이터 도구 양식(2개) 도움말   변경사항이 모두 저장되었습니다.

fx | 2012. 6. 2 오후 10:45:47

	A	B	C	D	E	F
1	타임스탬프	이름	이메일	메시지		
2	2012. 6. 2 오후 10:45:47	홍길동	welcome2books@	견적에 대하여 문의를 드립니다.		
3	2012. 6. 2 오후 10:46:16	강감찬	welcome2books@	질문을 드립니다.		
4						
5						

[그림 185] 스프레드시트 양식에 기록된 사용자 메시지

이렇게 몇 가지의 설정만으로도 구글 사이트 도구에서는 사용자 메시지를 받기 위한 입력 양식을 구현할 수 있다. 이 기능을 일반 홈페이지 제작 방식을 통해 구현하자면 웹 페이지에 양식 삽입, 데이터베이스 설정, 웹 프로그래밍 등의 복잡한 작업이 필요하게 되어 컴퓨터 전문가가 아닌 일반인들은 구현 자체가 불가능할 것이다. 지면관계상 본 예제에서는 이름, 이메일, 메시지 등의 세 개의 항목만 사용하였지만, 폼의 항목의 수는 얼마든지 늘일 수 있고, 단순한 텍스트 입력 이외에도 선택 버튼 등을 넣어서 설문 조사 등과 같은 보다 강력한 폼을 만들 수 있으니, 폼에 관련된 다양한 연습을 추가로 해볼 필요가 있다. 이 폼 입력 기능은 특히 비즈니스를 목적으로 하는 홈페이지에서 각종 문의 사항 처리나, 견적 요청 등에 아주 효과적으로 사용될 수 있을 것이다.

CSS 스타일을 사용한 고급 폰트 조정

구글 사이트도구로 글자체 편집을 하다보면 한글의 경우 폰트 메뉴 상에는 '굴림', '바탕', '굴림체', '보통' 등의 네 가지 폰트만 보인다. 이 폰트들을 사용해서 한글 입력을 하는 경우 우리가 일반적으로 우리나라 홈페이지에서 보는 글자체와는 무엇인가 다른 어색함을 느끼게 된다. 한 마디로 예쁜 글자 모양이 나오지 않는다. 사실 우리가 일반적으로 보는 홈페이지들은 내부적으로 CSS라는 스타일 기능을 사용하여 폰트의 모양을 조절하고 있다. 구글 사이트도구에서도 스타일 기능을 사용하여 보기 좋은 글자체를 구현할 수가 있다. 스타일이라는 용어를 어렵게 느낄 필요는 전혀 없다. 다음에 설명되는 예제를 그대로 따라서 하기만 하면 충분하기 때문이다. 스타일을 사용한 글자체 테스트는 '홈' 페이지에서 하도록 한다. 이를 위하여 현재 '홈' 페이지에 입력되어 있는 것들을 모두 삭제하여 빈 페이지를 만들도록 한다.

'페이지 수정' 버튼을 사용하여 페이지 편집 모드로 들어간다. [그림 186]을 참조하여 페이지의 내용을 모두 지운 후 "보통 폰트입니다."라는 글을 입력하고 폰트 모양은 '보통'로 폰트 사이즈를 '16pt'로 설정해보자. 폰트를 크게 만든 이유는 다음에 살펴볼 폰트들과의 모양를 편리하게 비교해보기 위해서이다. 화면에 나타난 글자의 모양은 지금까지 사용해본 모양과 같이 투박한 굴림체 기본형을 가지고 있다.

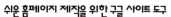

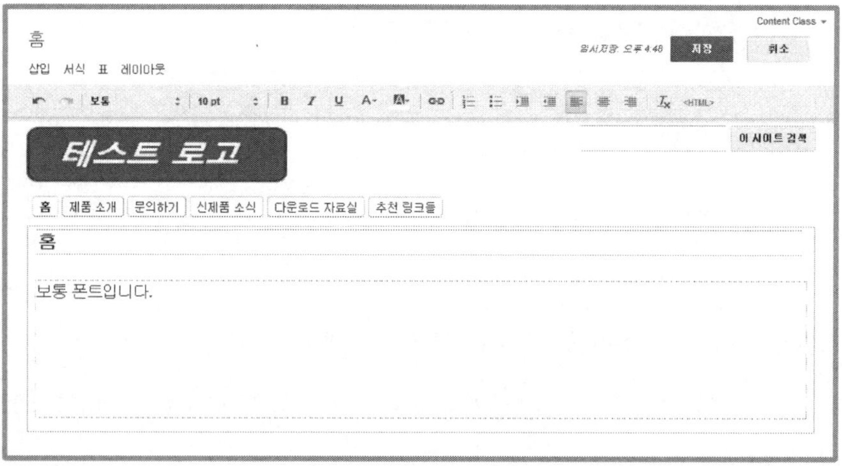

[그림 186] 보통 폰트 입력

지금까지는 웹 페이지 빈 영역에 직접 타이핑을 하거나 가젯 등을 삽입하였지만, 이번에는 HTML 코드를 직접 편집할 수 있는 HTML 편집 창에서 작업을 하도록 하겠다. [그림 186]의 메뉴들 중 가장 우측에 위치한 HTML 메뉴를 클릭하면 [그림 187]과 같이 HTML 편집창이 나타나며, 이 창에서는 직접 HTML 코드를 편집할 수 있다. 하지만 독자 여러분은 HTML 코드에 대해서 걱정할 필요는 없다. 폰트 설정을 위한 최소한의 태그만 한 두 줄 이해하면 충분하기 때문이다.

HTML 편집   ×

HTML 미리보기

```
<font size="4">보통 폰트입니다.</font><br>
```

업데이트 취소

[그림 187] HTML 편집기에 나타난 폰트 태그

[그림 187]의 HTML 코드 바로 아래에 다음 HTML 코드를 이어서 입력해자. 지면 관계상 줄이 나뉘어져 있지만 '〈'부터 '〉' 까지는 한 줄에 입력을 해보

229

자. 입력을 마친 후에는 '업데이트' 버튼을 눌러서 HTML 편집 화면에서 나가
도록 한다. [그림 188]을 보면 궁서 폰트로 텍스트가 출력된 것을 볼 수 있다.
구글 사이트 도구의 메뉴에서 제공하는 폰트 선택에서는 볼 수 없었던 폰트
모양이다.

```
<SPAN style="LINE-HEIGHT : 18px; FONT-FAMILY : gungsuh, sans-serif;
COLOR : rgb(68,68,68); FONT-SIZE : 16px">
궁서 폰트입니다. </SPAN>
```

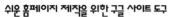

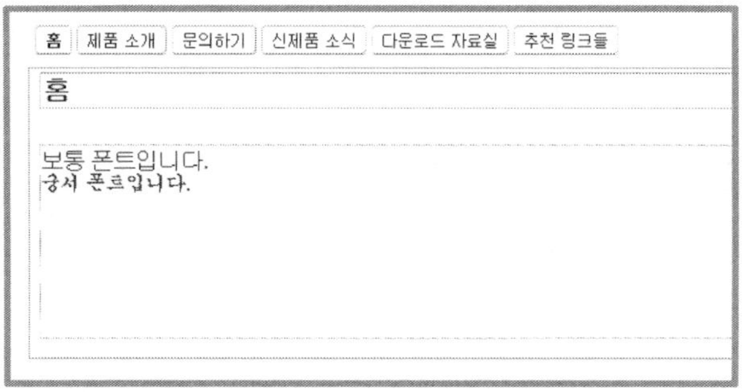

[그림 188] 궁서 폰트 처리

이제 폰트 모양을 지정하는 방법을 자세히 살펴보자. HTML 태그를 사용
하여 폰트의 모양을 변경하고자 하는 경우에는 다음과 같이 시작과 끝 부분
의 태그만 정확하게 써주면 중간 부분에 들어가는 텍스트 부분에는 지정한
폰트가 적용된다. 시작 부분의 태그는 좀 긴 내용을 가지고 있는데, 전체를
한 라인에 보이는 그대로 타이핑해주면 된다. 폰트를 굴림체로 변경하고자

한다면, 현재 '궁서'로 되어 있는 시작 태그의 'gungsuh' 부분을 다음과 같이 'gulim'으로 변경해주면 된다.

```
<SPAN style="LINE-HEIGHT : 18px; FONT-FAMILY : gulim, sans-serif;
COLOR : rgb(68,68,68); FONT-SIZE : 16px">

이 곳은 텍스트를 입력하는 곳입니다.

</SPAN>
```

한 가지 주의해야 할 것은 폰트의 이름은 한글이 아닌 영문으로 지정해주어야 한다는 점이다. HTML 태그 작성이 끝난 후에는 '업데이트' 버튼을 누른 후 페이지 편집창으로 돌아와 평소와 같이 필요한 편집을 진행하면 된다. 즉, 처음에만 HTML 편집창에서 폰트의 모양 등을 지정 후, 페이지 편집 모드로 돌아온 후의 나머지 과정은 기존의 방식과 동일하다. 위 HTML 태그의 시작 부분은 폰트의 종류 이외에도 글자의 크기, 색상, 라인 간격을 지정할 수 있다. 위 태그의 경우 라인 간격은 18px(18픽셀)로, 폰트의 크기는 16px(16픽셀)로 지정되었다. 우리가 흔히 보는 일반적인 웹 페이지의 경우에는 폰트 크기가 보통 12px로 설정된다. 본서에서는 폰트 모양을 쉽게 확인할 수 있도록 하기 위하여 16px를 사용하였다. 폰트의 색상은 RGB(빨강, 초록, 파랑)의 삼원색을 조합하여 사용하는데, 위 태그에서 색을 지정하는 부분은 rgb(68, 68, 68)로 설정된 부분이다. 각 R,G,B 요소는 0부터 255까지의 값을 가진다. 만약 글자 색을 완전한 빨강으로 설정하고자 한다면 rgb(255, 0, 0)과 같이 표현할 수가 있다. 우리나라의 일반적인 웹 페이지의 경우에서는 rgb(68, 68, 68) 정도의 밝은 회색을 글자색으로 사용하는 경우가 많다. 글자의 색은 필요에 따라가 각자 변경해서 사용하면 될 것이다.

이번에는 HTML 태그를 사용하여 여러 폰트의 모양이 적용되는 것을 비교해보자. 다시 HTML 편집 창을 열어 다음과 같이 입력해보자. [그림 189]는 아래 코드를 입력한 HTML 편집창의 모습이다. 입력을 완료한 후 '업데이트' 버튼을 눌러서 HTML 태그가 적용된 결과를 확인해보자. [그림 190]의 결과에서 볼 수 있듯이 지정된 여러 가지 폰트의 모양이 화면 출력에 적용되었다.

```
<span style="LINE-HEIGHT:18px;FONT-FAMILY:gulim,sans-serif;COLOR:rgb
(68,68,68);FONT-SIZE:20px">
굴림 폰트입니다.</span><br>
<span style="LINE-HEIGHT:18px;FONT-FAMILY:gungsuh,sans-serif;COLOR:rgb
(68,68,68);FONT-SIZE:20px">
궁서 폰트입니다. </span><br>
<span style="LINE-HEIGHT:18px;FONT-FAMILY:dotum,sans-serif;COLOR:rgb
(68,68,68);FONT-SIZE:20px">
돋움 폰트입니다. </span><br>
<span style="LINE-HEIGHT:18px;FONT-FAMILY:malgun gothic,
sans-serif;COLOR:rgb(68,68,68);FONT-SIZE:20px">
맑은 고딕 폰트입니다. </span>
```

HTML   미리보기

```
<font size="4">보통 폰트입니다.</font><br>
<span style="LINE-HEIGHT:18px;FONT-FAMILY:gulim,sans-serif;COLOR:rgb(68,68,68);FONT-SIZE:20px">
굴림 폰트입니다.</span><br>
<span style="LINE-HEIGHT:18px;FONT-FAMILY:gungsuh,sans-serif;COLOR:rgb(68,68,68);FONT-SIZE:20px">
궁서 폰트입니다. </span><br>
<span style="LINE-HEIGHT:18px;FONT-FAMILY:dotum,sans-serif;COLOR:rgb(68,68,68);FONT-SIZE:20px">
돋움 폰트입니다.</span><br>
<span style="LINE-HEIGHT:18px;FONT-FAMILY:malgun gothic,sans-serif;COLOR:rgb(68,68,68);FONT-SIZE:20px">
맑은 고딕 폰트입니다. </span>
```

[그림 189] 여러 가지 폰트를 지정한 HTML 예

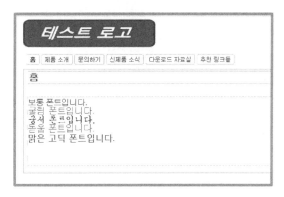

[그림 190] 여러가지 폰트 적용 결과

사용자 인터페이스 업그레이드를 위한 JavaScript 사용

본 절은 JavaScript라는 언어에 대한 경험이 없는 사용자라면 건너뛰어도 무방하다. 본 절에서는 JavaScript에 대한 지식을 가지고 있는 독자들에게 구글 사이트 도구의 웹 문서에서 JavaScript를 사용하기 위한 방법을 설명한다.

구글 사이트 도구는 JavaScript의 전체 기능을 허용하지는 않으며, 제한된 범위 내에서의 JavaScript 사용을 허용하고 있다. 그 중 몇 가지 예를 살펴보자.

　먼저 사용자의 클릭에 반응을 하는 클릭 이벤트 함수를 만들어보자. 클릭 이벤트를 위한 코드는 다음과 같으며, 웹 페이지 편집 모드에서 HTML 편집 창을 열어서 입력을 해주면 된다. [그림 191]은 아래의 JavaScript 코드를 실행한 결과이다. 링크를 클릭했을 때 JavaScript의 Alert 창이 나타났다.

```
<form>
<a href="#" id="ClickTest" onClick="alert('클릭되었습니다.')">클릭하세요.</a>
</form>
```

[그림 191] JavaScript 링크 클릭 이벤트

　다음으로는 위와 같은 기능을 링크 대신 버튼을 사용하여 구현해보자. 버튼을 화면에 나타내고, 버튼 클릭 이벤트를 처리하는 JavaScript 코드는 아래와 같다. [그림 192]는 아래 코드를 실행한 결과이다. 버튼이 화면에 나타나 있고 Alert 창이 화면에 떠 있는 것을 볼 수 있다.

```
<form>
<input id="ButtonTest" onClick="alert('버튼이 클릭되었습니다.')" type="button"
value="클릭 버튼"/>
</form>
```

[그림 192] JavaScript 버튼 클릭 이벤트

다음 예인 드롭다운 박스는 선택 사항이 많을 경우 화면 영역을 절약하기 위하여 흔히 사용되는 입력 방식이다. 때로는 화면 디자인을 목적으로 사용되기도 한다. 다음은 드롭다운 박스를 사용하여 세 가지 선택 사항을 보여주는 JavaScript 코드이다. 이 코드의 출력 결과는 [그림 193]과 같다.

```
<form>
<select height="30px" onChange="alert(this.options[this.selectedIndex].value)">
    <option value="">다음 중 선택하세요.</option>
    <option value="http://www.google.com/">구글</option>
    <option value="http://www.naver.com/">네이버</option>
```

```
    <option value="http://www.yahoo.com/">야후</option>

    </select>

</form>
```

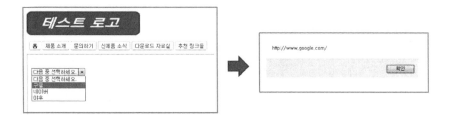

[그림 193] JavaScript 드롭다운 박스 이벤트

　　JavaScript에 대한 마지막 예로서 팝업창을 띄우는 방법을 알아본다. 팝업

창은 웹 페이지 메인을 수정하지 않고 간단하게 추가 정보를 보여줄 수 있기

때문에, 편의를 위하여 많이 사용되는 웹관련 테크닉이다. 다음 코드는 화면

의 100, 100 위치에 너비와 높이가 각각 700과 400인 팝업창을 띄워주는 역

할을 한다. 새로 나타나는 팝업창은 주소로 http://www.google.com 가진

다. 이 코드의 결과는 [그림 194]에 나타나 있다. 중앙의 새 브라우저 창이 화

면의 링크를 클릭했을 때 나타난 팝업창이다.

```
<Object>
<a class="mypopup"
  href="javascript:(function(){var a=window, b=document, c=encodeURIComponent,
  d=a.open('http://www.google.com','newwin','left='+100+',top='+100+',height=
  400px,width=700px,
resizable=1,alwaysRaised=1,scrollbars=1');})();"
title="이 곳을 클릭하면 팝업창이 뜹니다.">팝업 창 띄우기</a>
</Object>
```

[그림 194] JavaScript 팝업창 띄우기

고급 웹 관리도 손 쉽게

도메인 네임과 연결하기

구글 사이트 도구로 홈페이지를 제작하는 경우 도메인이 없어도 웹 호스팅이 가능하다. 본서에서 실습을 위한 홈페이지 작업을 해온 홈페이지 주소도 다음과 같다.

> http://sites.google.com/site/booksample2012

하지만 위와 같은 홈페이지 이름은 읽기가 어렵다. 더구나 기억하기는 더욱 더 어렵다. 특히 비즈니스를 위한 홈페이지 주소로는 아예 사용이 불가능할 정도로 길다. 이런 이유로 홈페이지 주소를 쉽게 기억하고 편리하게 입력할 수 있도록 쉬운 도메인(domain) 이름을 등록하여 사용한다. 도메인 이름이란 숫자로 이루어진 컴퓨터의 네트워크 주소를 사람이 사용하는 철자(영어 알파벳이나 한글 등)를 사용하여 표현하는 주소 체계를 말한다. 도메인은 범주에 따라서 com, net, co.kr 등으로 나누어지며 다음과 같은 예들이 있다.

- com 도메인들 : google.com, naver.com, cnn.com, yahoo.com 등
- net 도메인들 : daum.net, cnn.net 등
- co.kr 도메인들 : samsung.co.kr, kbs.co.kr 등

도메인 이름에 대하여 흔히 혼동하는 부분이 있는데 sites.google.com 이라고 표현될 경우 이 전체가 도메인 이름이 되는 것은 아니고, google.com 부분만 도메인 이름에 해당된다. 앞에 붙어 있는 sites는 호스트 이름이라고 불린다. 즉, 구글이라는 회사에서는 google.com 이라는 도메인을 하나 등록한 후 여러 대의 호스트(서버) 컴퓨터에 사용하기 위하여 sites.google.com, docs.google.com 등과 같이 원하는 수만큼의 호스트 명을 도메인 이름 앞에 붙여서 사용할 수 있는 것이다. 또한 http://sites.google.com 과 같은 전체 주소는 URL(Uniform Resource Locator)라고 부른다.

http://sites.google.com/site/booksample2012와 같이 어려운 주소 명은 실용성이 떨어지므로 독자 여러분들도 google.com과 같이 간단하고 기억하기 쉬운 도메인 이름을 등록해서 사용하기를 원할 것이다. 발급받은 도메인 이름을 구글 사이트 도구에 연결시키기 위한 방법을 알아보자.

도메인을 등록하기 위해서는 도메인 등록 대행사들의 홈페이지를 방문하여 도메인을 검색해보고, 등록이 가능한 도메인은 일정 기간(1년~수 년)동안 등록비를 내고 등록을 하면 된다. 도메인 등록비는 일 년에 약 2만원에서 3만원정도의 범위가 될 것이다. 국내의 등록 대행기관의 예로는 http:// www.gabia.com 와 같은 곳들이 있고, 외국의 예로는 http://www.godaddy.com과 같은 곳들이 있다. 도메인 이름을 결정하고 등록하는 단계에 대한 안내는 본서의 주제에서 벗어나므로, 본서에서는 도메인을 하나 등록했다고 가정을 하고, 그 도메인을 구글 사이트 도구에 연결시키기 위한 과정을 위주로 설명을 진행한다.

본서에서는 usenglishlab.com 이라는 도메인을 예로 들어 도메인 연결과정을 설명하도록 하겠다. 현재 usenglishlab.com은 이미 등록된 com 도메인이며, 현재 구글 사이트 도구와 연결되어 사용되고 있는 도메인이다. 다음 주소는 모두 동일한 웹 페이지로 연결되며, [그림 195]는 http://www.usenglishlab.com 의 홈페이지 모습을 보여준다.

- http://sites.google.com/site/usenglishlabsite
- http://www.usenglishlab.com

[그림 204] http://www.usenglishlab.com을 방문한 화면

usenglishlab.com 도메인은 미국의 도메인 등록 대행기관 http://www.godaddy.com을 통하여 등록한 도메인이다. 이렇게 등록한 도메인을 구글 사이트 도구와 연결시키기 위한 절차는 다음과 같다. 본서에서는 usenglishlab.com 도메인을 사용한다고 가정하고 설명을 진행하니, 독자 여러분은 각자의 도메인 명을 사용해야 한다.

• 해당 도메인 관리 사이트에 로그인하여 usenglishlab.com 도메인의 CNAME www를 ghs.google.com으로 지정한다. 앞에서 도메인 이름 앞에 붙는 것을 호스트 이름이라고 했는데, 이를 주소 체계상에서는 CNAME이라고 부른다. [그림 196]을 보면 가장 아래에 cname www가 ghs.google.com이라고 지정되어 있는 것을 볼 수 있다. CNAME을 지정

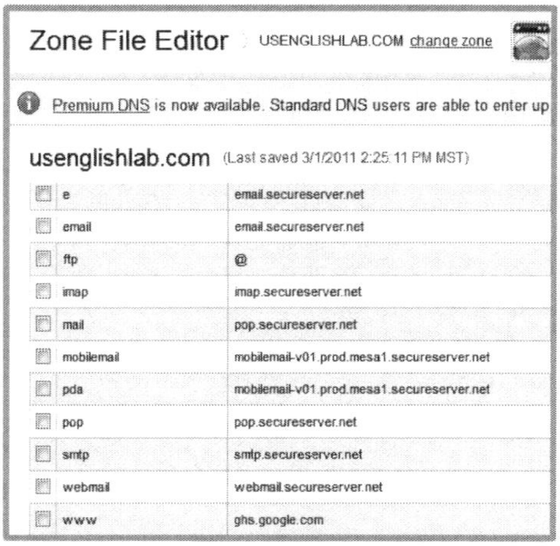

[그림 205] CNAME 설정 화면 (GoDaddy사의 예)

하는 메뉴는 등록 기관마다 다르므로 해당 사이트의 메뉴를 참조하도록 한다. CNAME을 ghs.google.com으로 지정하는 것은 구글 사이트 도구의 요구사항이다.

• 구글 사이트 도구에 로그인하여 홈페이지를 선택한 후 '사이트 관리' 창에서 '웹 주소'메뉴로 이동한다.

• CNAME과 도메인이 합쳐진 주소, 즉 www.usenglishlab.com 을 웹 주소로 추가한다. 추가하는 방법은 [그림 197]과 같이 웹 주소 추가란에 입력 후 상단의 '추가' 버튼을 누르면 된다. 이 때 주의할 점은 흔히 웹 주소 앞에 붙는 'http://' 없이 순수한 주소 부분인 'www.usenglishlab.com'만 입력해야 한다는 점이다.

[그림 206] 웹 주소 추가하기

간단하게 위 절차만 거치면 http://www.usenglishlab.com 이 http://sites.
google.com/site/usenglishlabsite 과 연결되어, www.usenglishlab.com 만
으로도 홈페이지에 접근할 수 있는 상태가 된다. 단 이를 확인하기 위해서는
24시간에서 48시간 정도의 시간을 기다려야 할 때도 있다. 물론 바로 처리되
는 경우도 있다. 관련된 네임 서버들이 업데이트되는 주기에 따라 달라진다.

작업 공유하기 및 사이트 권한

구글 사이트 도구는 일반적인 홈페이지와는 달리 공동 작업을 통한 회사
내 인트라넷 기능을 주요 목표 중의 하나로 하고 있다. 웹 페이지 편집은 워드
프로세서를 사용하는 정도로 쉽기 때문에 권한을 가진 공동 작업자 누구나
내용을 편집할 수 있다. 공동작업을 위한 권한 설정은 다음과 같은 방법들이
있을 수 있다.

- 사이트 소유자만 웹 페이지 편집이 가능하고, 누구나 웹 페이지 접근이
  가능한 경우
- 편집이 허가된 다수의 작업자가 웹 페이지를 편집할 수 있고, 누구나 접
  근이 가능한 경우
- 사이트 소유자만 웹 페이지 편집이 가능하고, 허가된 사람들만 접근이
  가능한 경우

- 편집이 허가된 다수의 작업자가 웹 페이지를 편집할 수 있고, 허가된 사람들만 접근이 가능한 경우 (이 경우가 전형적인 회사의 인트라넷 형태이다.)

결과적으로 편집 권한과 접근 권한의 설정 변경을 통하여 다양한 목적으로 구글 사이트 도구를 활용할 수 있다. 먼저 편집 권한을 설정하는 방법을 알아본다. 사이트 관리 메뉴에서 '일반' 메뉴를 클릭하면 나타나는 화면의 아래 부분에서 [그림 198]에서와 같이 액세스 설정을 관리할 수 있다.

[그림 198] 액세스 설정

[그림 198]의 액세스 설정 부분에 나타난 항목들의 의미는 다음과 같다.

- **사이트 활동에 액세스 할 수 있는 사용자** : 사이트 활동은 각 페이지들의 생성 및 수정 등의 활동을 의미한다. 이 활동에 대하여 모든 사용자 혹은 공동작업자만 볼 수 있도록 설정할 수 있다. 공동작업자란 사이트 관리자가 명시적으로 수정 권한을 준 사용자를 말한다. 사이트 활동은 웹 페이지 하단의 구글 시스템 바닥글에 '최근 사이트 활동'이라는 링크를 클릭하면 볼 수 있다. 이 링크는 볼 수 있도록 허가된 경우에만 나타난다.
- **업데이트 기록에 액세스할 수 있는 사용자** : 업데이트 기록은 사이트의 업데이트 버전 목록이다. 이 목록도 모든 사용자 혹은 공동작업자만 볼 수 있도록 설정할 수 있다. 업데이트 기록도 웹 페이지 하단의 구글 바다글 영역에 '업데이트 기록'이라고 나타나는데, 허가된 사용자에게만 보인다. 업데이트 기록을 접근해서 웹 사이트를 이전 버전으로 돌리는 작업을 할 수도 있다.

위와 같은 권한을 누군가에게 주기 위해서는 공동작업자를 추가해야 한다. 공동작업자의 추가를 위해서는 사이트 관리 화면에서 '공유 및 권한' 메뉴를 클릭하도록 한다. 이 화면에서 아래 부분을 보면 [그림 199]에서와 같이 '친구 추가' 메뉴가 나타난다. 이곳에 공유하고자 하는 상대의 gmail 아이디를 입력한 후, 우측의 권한 중 하나를 할당해주고 '공유 및 저장' 버튼을 누르면 공동작업자 지정이 완료된다. 공동작업자의 권한은 소유자 수준, 수정 가능 수준, 보기만 가능한 수준 중 하나를 설정해줄 수 있다.

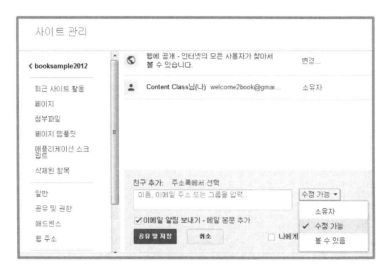

[그림 199] 친구 추가

이번에는 사이트를 웹에 공개하는 수준을 설정해보자. 사이트 관리 화면에서 '공유 및 권한' 메뉴를 선택한 후, 중앙의 '변경...' 메뉴를 선택하면 [그림 200]과 같은 '공개 설정' 화면이 나타난다. 이 화면에서 홈페이지가 웹에 공개되는 수준을 설정할 수 있다. '웹에 공개'를 선택하는 경우 모든 사용자가 웹 검색을 통하여 홈페이지에 접근할 수 있다. '링크가 있는 모든 사용자에게 공개'는 검색은 허가하지 않으나 명시적인 주소를 알고 있는 사람은 접근할 수 있다는 의미이다. '비공개' 방식은 홈페이지 소유자가 허가한 공동작업자들만 접근할 수 있는 단계이다. 만약 많은 사용자들이 활발하게 홈페이지를 방문하기를 원한다면 반드시 '웹에 공개'로 설정을 해 놓아야만 검색엔진을 통한 방문자 수를 증가시킬 수 있다. 이렇게 구글 사이트 도구에서는 홈페이지의 공개 수준과, 사용자의 접근 권한 설정을 통하여 다양한 목적으로 홈페이지를 활용할 수 있도록 하고 있다. 특히 하나의 홈페이지를 다수의 공동작업들이 별다른 도구 없이 실시간으로 공동 편집이 가능하다는 점은 매우 큰 강점이다.

[그림 200] 공개 설정

사이트 복사하기를 통한 홈페이지 복사와 백업

사이트 관리 화면에서 '일반' 메뉴를 누른 후 나타나는 화면의 하단에 '사이트 복사'라는 버튼이 있다. 이 버튼을 클릭하면 [그림 201]과 같이 사이트 생성할 때와 유사한 창이 나타난다. 사이트 복사하기 기능을 사용하면 현재의 홈페이지 전체의 모든 자료를 새로운 주소로 복사할 수 있다. 복사한 홈페이

지는 별도의 영역에 저장되며 수정하여 다른 홈페이지로의 변경이 가능하
다. 복사되는 대상 주소는 [그림 201]에서 새로운 사이트 이름을 입력하는 것
으로 완료된다. 사이트 복사하기 기능을 이용하면 간단한 홈페이지 백업 기
능도 겸할 수 있을 것이다. 다만 구글 사이트 도구에서는 1 주일 이내에 새로
생성할 수 있는 사이트의 개수는 5개 이하로 제한을 하기 때문에 복사 횟수나
홈페이지 생성 횟수는 조절할 필요가 있다. 기간 별 개수 제한 이외에 생성할
수 있는 총 사이트의 개수에 대한 제한은 별도로 없다.

사이트 도구   **복사**   취소

원본: 사이트 이름   booksample2012

대상: 사이트 이름

사이트 위치 - URL에 사용할 수 있는 문자: A-Z, a-z, 0-9
https://sites.google.com/site/

☑ 수정내용 포함
☑ 사이트 회원 명단 복사
☑ 페이지 댓글 복사

표시된 코드를 입력하세요.

gogithyb

[그림 201] 사이트 복사

홈페이지 백업을 위하여 웹 전체를 복사하는 별도의 소프트웨어를 사용하는 방법도 있다. 이는 구글 사이트 도구 이외의 방법을 사용하여 더욱 확실한 백업을 원하는 사용자들이 사용하기도 하는데, 각종 유료, 무료 소프트웨어를 각자 찾아서 사용하면 되겠다.

엔터프라이즈급 웹 관리도구가 무료?

홈페이지를 완성한 이후에 만나게 되는 문제는 홈페이지의 효과적 관리 부분이다. 홈페이지 운영을 시작한 후 가장 궁금한 것은 홈페이지 방문자의 수일 것이다. 이런 단순한 궁금증 다음으로는 기간별 방문자 수가 관심의 대상일 것이고, 보다 더 자세하게는 국가별, 도시별로 구분된 방문자 분석을 필요로 하게 된다. 이런 정밀한 분석도구는 직접 제작을 하기도 어렵거니와 고가의 분석 소프트웨어를 도입한다고 해도 이를 운영할 시스템 또한 매우 큰 부담이 된다.

구글에서는 구글 Analytics라는 강력한 엔터프라이즈급 웹 분석 도구를 무료로 제공하고 있다. 구글 Analytics는 구글 앱스의 한 요소이다. 구글 Analytics의 주소는 http://www.google.com/analytics이며, [그림 202]와 같은 초기 화면이 나타난다. 우측 상단의 '웹로그 분석 액세스' 버튼을 누르면 로그인 화면이 나타나는데, 현재 사용하고 있는 구글 아이디를 입력하면 로그인할 수 있다.

[그림 202] 구글 Analytics 초기화면

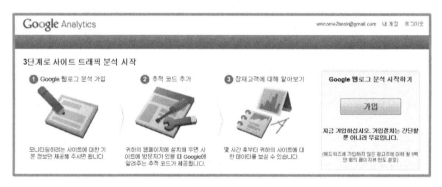

[그림 203] 구글 Analytics 로그인 후 화면

로그인 후에는 가입 절차가 필요하다. 이미 계정에 가입을 했는데 무슨 또

다른 가입 절차가 필요한 가에 대해 의아해할 수도 있다. 구글 Analytics에 로

그인 할 수 있는 계정은 가지고 있더라도, 분석 대상이 될 홈페이지를 아직 설

정하지 않았기 때문이다. [그림 203]은 로그인 직후의 화면인데, 우측의 '가

입' 버튼을 누르면, 홈페이지 등록 절차가 시작된다. 참고로 구글 Analytics를 사용하여 분석하고자 하는 홈페이지는 다 수 등록이 가능하다. '가입' 버튼을 눌러서 가입을 시작해보자.

새 계정 만들기
추적하려는 사이트의 URL을 입력하고 Google 웹로그 분석 보고서에 표시할 이름을 지정하십시오. 2개 이상의 웹사이트를 추적 십시오.

기본 정보

계정 이름 | 책 예제 홈페이지

웹사이트 URL | http:// | sites.google.com/site/booksample2012
예: http://www.mywebsite.com

시간대 | 대한민국 | (그리니치 표준시 +09:00) 서울

데이터 공유 설정

☑ 다른 Google 제품과만 공유 선택사항
웹사이트의 Google 웹로그 분석 데이터를 다른 Google 서비스와 공유하며 애드워즈, 애드센스 및 기타 Google 제품의
오. Google 서비스에서만 (타사 제외) 데이터에 액세스할 수 있으므로. 예 보기

☑ Google 및 기타 서비스와 익명으로 공유 선택사항
웹사이트 데이터를 익명으로 공유하며 벤치마킹 서비스를 이용하십시오. Google의 벤치마킹 서비스는 웹사이트에 대해
속한 수백 개의 익명 사이트 데이터와 조합하여 최근 업계 통합에 대한 통계를 집계합니다. 예 보기

[그림 204] 새 계정 만들기

[그림 204]는 새 계정을 만들 기 위한 화면의 상단 부분이다. 먼저 계정 이름을 입력한 후, 웹사이트 URL 부분에 분석하고자 하는 홈페이지 주소를 넣는다. 이 때 주의할 점은 앞의 http:// 부분은 선택 버튼으로 선택한 후, 실제 홈페이지 URL 부분에서는 생략하고 입력을 한다는 점이다. 본서의 예제 페이지의 경우는 sites.google.com/site/booksample2012 라고 입력을 해주었다. 이 항목을 입력하고, 국가와 시간대를 선택한다. 입력이 끝나면 화면의 하단에서 약관에 동의한 후 '계정 만들기' 버튼을 누른다.

　　계정 생성 후에 나타나는 [그림 205]의 화면의 유의하여 볼 필요가 있다. 분석을 하고자 하는 웹 사이트를 대상으로 구글 Analytics에 등록을 했다고 하더라도, 구글 Analytics 쪽의 등록만으로는 해당 사이트에 방문이 발생한 사실을 구글 Analytics가 알 수 있는 방법이 없다. 방문 사실을 알아야 분석 데이터로 사용할 수 있는데, 방문 사실 자체를 감지할 수 없으면 분석은 불가능하다. [그림 205]의 상단 부분에 '추적 ID'라는 항목에 'UA-32398945-1'라는 코드 보인다. 이 코드를 잘 복사해두었다가 구글 사이트 도구의 관리화면에 입력하면 된다. 이 코드는 해당 홈페이지에 방문 정보가 발생 시 그 정보를 구글 Analytics로 전송해 주는 역할을 한다.

모든 계정 › 책 예제 홈페이지 ›
책 예제 홈페이지
속성 ID: UA-32398945-1
기본 URL: http://sites.google.com/site/booksample2012

프로필　**추적 코드**　속성 설정　소셜 설정

추적 **ID: UA-32398945-1**

애플리케이션 추적

Android 및 iOS용 Google 웹로그 분석
SDK로 모바일 애플리케이션을 추적합니
다. ⓘ　　　　　　　　　Android SDK 다운로드　　iOS　iOS SDK 다운로드

웹사이트 추적

속성 이름　책 예제 홈페이지

웹사이트 URL　http://sites.google.com/site/booksample2012

추적 상태　**추적 코드가 설치되지 않음** 최종 확인 날짜: 2012. 6. 4 오후 10시 44분 20초 PDT
웹사이트 홈페이지에서 Google 웹로그 분석 추적 코드를 찾을 수 없습니다. 웹로그 분석이 작동하려면 웹
사이트의 각 페이지에 웹로그 분석 추적 코드가 삽입되어야 합니다.

[그림 205] 추적 코드

```
2. 이 코드를 사이트에 붙여넣기
   아래 코드를 복사한 후 추적하려는 모든 페이지에서 닫기 태그인 </head> 바로 앞에 붙여넣으십시오  ?

   <script type="text/javascript">

   var _gaq = _gaq || [];
   _gaq.push(['_setAccount', 'UA-32398945-1']);
   _gaq.push(['_trackPageview']);

   (function() {
     var ga = document.createElement('script'); ga.type = 'text/javascript'; ga.async = true;
     ga.src = ('https:' == document.location.protocol ? 'https://ssl' : 'http://www') + '.google-analytics.com/ga.js';
     var s = document.getElementsByTagName('script')[0]; s.parentNode.insertBefore(ga, s);
   })();

   </script>
```

▸ 이 도움말을 이메일로 보내기 선택사항

항 페이지에서 새 추적 코드와 기존 추적 코드를 다 사용하면 보고서에 부정확한 데이터가 기록될 수 있으므로 권장하지 않습니다. 단, 사이트의 일부 페이지에는 새 추적 코드를 사용하고 나머지 페이지에는 기존 추적 코드를 사용하는 것은 가능합니다.

저장   취소

[그림 206] 추가 식별 코드

[그림 205]의 화면을 계속 아래로 스크롤하면 [그림 206]과 같은 화면이 나타난다. 화면의 2번 항목에 열 줄 정도의 코드가 보이는데, 이 코드는 구글 사이트 도구를 사용할 경우 필요가 없는 코드이다. 이는 일반 홈페이지에서 구글 Analytics를 사용하기 위한 것이므로 현재는 무시하도록 한다. '저장' 버튼을 누르면 구글 Analytics에서의 계정 등록은 완료된다.

다시 구글 사이트 도구로 돌아가서 사이트 관리 화면의 일반 메뉴를 선택해보자. 일반 메뉴의 화면을 아래로 스크롤 해보면 [그림 207]과 같이 '통계' 항목이 나온다. 이 항목을 체크해주고, 빈 란에 앞에서 복사해 놓은 추적 ID를 복사해준다. 본서의 경우 'UA-32398945-1'를 입력해주도록 하겠다. 이제 구글 Analytics를 사용하기 위한 모든 설정은 끝났다. 바로 등록한 상태에서는 추적이 이루어지지 않기 때문에 등록 직후에는 분석 데이터가 나타나지 않는다. 하루 이상의 시간을 기다리면 분석 데이터가 쌓이기 시작된다. 물론 방문이 발생해야 분석 데이터가 누적된다.

[그림 207] 통계 등록 화면

이렇게 계정이 등록된 이후에는 구글 Analytics에 로그인 후 '웹로그 분석 액세스' 버튼을 누르면 [그림 208]와 같이 등록된 계정 목록이 나타난다. 본서에서 등록한 계정명인 '책 예제 홈페이지'를 클릭하면 [그림 209]과 같이 사용자 방문에 대한 통계 화면을 볼 수 있다. 방문자 분포 이외에도 다양한 분석 도구들이 준비되어 있다. 구글 Analytics에 대한 전체 설명을 하자면 책 한권에 이를 정도이다. '인구 통계' 등의 버튼을 눌러보면 사용자 방문자 수는 물

론 전 세계 혹은 대한민국 내에서의 도시 등 방문자의 지역적인 위치까지도
확인이 가능하다. 이 구글 Analytics를 잘 활용하면 마케팅과 같은 비즈니스
의 귀중한 자료로 사용할 수 있을 것이다.

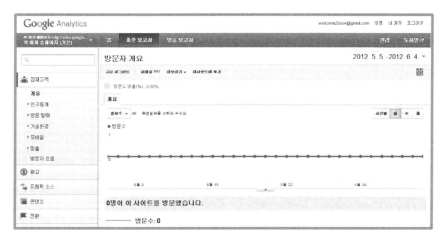

[그림 208] 등록된 계정

[그림 209] 구글 Analytics 방문자 분석 화면

구글 사이트 도구의 저장 용량?

구글 사이트 도구는 웹 기반의 홈페이지 제작 도구, 무료 웹 호스팅, 구글 앱스와의 강력한 결합, 고급 웹 분석도구 등을 통하여 혁신적인 홈 페이지 서비스를 제공하고 있다. 이런 환경 하에서 구글 사이트 도구를 사용할 때 사용할 수 있는 저장 용량은 얼마나 될까? 구글 서비스의 종류에 따라서 저장 용량의 운영 방식이 다양하기 때문에, 저장 용량에 관해서는 혼란을 느끼는 경우가 많다. 다음은 구글에서 사이트 용량에 대하여 공식적으로 제공하고 있는 자료이다. 서비스 별로 저장용량 정책이 다른 것을 볼 수 있다.

용량에 대한 구글의 공식 도움말 자료 (2012년 6월초 기준)

[sites.google.com/site에서 만든 사이트 도구인 경우]

- **사이트 저장용량** : 사이트당 100MB

- **첨부파일 최대 크기** : 20MB

- **사이트당 페이지 수** : 제한 없음(하단 설명 참조)

[Google Apps]

- **사이트 저장용량** : 해당 없음(저장용량은 도메인 수준에서 추적됨)

- **도메인당 저장용량** : 10GB

- **첨부파일 최대 크기** : 20MB

- 도메인당 사이트 수 : 무제한

- 사이트당 페이지 수 : 제한 없음(하단 설명 참조)

[Google Apps for Business]

- **사이트 저장용량** : 해당 없음(저장용량은 도메인 수준에서 추적됨)

- **도메인당 저장용량** : 10GB + 각 유료 사용자당 500MB

- **첨부파일 최대 크기** : 50MB

- **도메인당 사이트 수** : 무제한

- **사이트당 페이지 수** : 제한 없음(하단 설명 참조)

[Google Apps for Education]

- **사이트 저장용량** : 해당 없음(저장용량은 도메인 수준에서 추적됨)

- **도메인당 저장용량** : 100GB

- **첨부파일 최대 크기** : 20MB

- **도메인당 사이트 수** : 무제한

- **사이트당 페이지 수** : 제한 없음(하단 설명 참조)

[Google Apps for ISPs]

- **사이트 저장용량** : 사이트당 100MB

- **첨부파일 최대 크기** : 20MB

- **사이트당 페이지 수** : 제한 없음(하단 설명 참조)

Google 문서도구를 포함한 삽입 문서는 사이트 저장용량 계산에 포함되지 않습니다. 하지만 첨부파일로 추가된 항목이나 자료실에 추가된 항목은 저장용량 계산에 포함됩니다.

페이지와 첨부파일이 수천 개에 이르는 사이트를 개설하면 사이트가 느려지고 사용자의 만족도가 떨어질 수 있습니다. 이러한 사이트 또는 사이트의 개별 페이지는 경우에 따라 사용 중지되거나 일시적으로 사용할 수 없는 상태가 될 수 있습니다. 이러한 대형 사이트는 여러 개의 관련 사이트로 분할하거나, 자동으로 정렬되는 탐색 메뉴 및 최근 사이트 활동 등 동적 메뉴 요소를 사용 중지하는 것이 좋습니다.

현재까지 본서에서 사용하고 있는 방식은 첫 번째 방식인 'sites.google.com/site 아래에 만든 사이트 도구의 경우' 항목에 해당된다. 이 경우는 별도의 도메인을 가지고 있지 않은 사용자들이 서브 주소를 할당받아 웹 호스팅을 할 수 있도록 지원하는 서비스이다. 본서를 읽는 독자들이 각자 자신의 도메인을 이미 가지고 있는 것은 아니기 때문에, 이 방식을 기본으로 설명을 진행해왔다. 또한 이 방식은 전 세계의 수많은 사용자들이 선택하는 방법이기도 하다. 이 경우 생성한 웹 사이트 하나에 대한 순수 저장용량은 100MB이다. 사용자가 생성하는 웹 사이트의 수는 제한이 없다. 다만 각 웹사이트의 저장용량이 100MB라는 것이다. 하지만 웹페이지에 사용되는 사진, 동영상, 문서 등을 직접 업로드 하지 않고 구글 앱스에 저장해 놓고 웹 페이지에 삽입하여 사용한다면 이 제한은 문제가 되지 않는다.

Google Apps for Business버전에 가입을 할 때는 개인 아이디로 하는 것이 아니고, 자신이 소유하고 있는 도메인(예 : usenglishlab.com 등)을 사용하여 가입을 하게 된다. Google Apps 버전도 무료로 제공된다. Google Apps 버전을 사용하는 경우 등록한 도메인에 대하여 10GB까지의 용량을 사용할 수 있으며, Google Apps는 http://www.google.com/Apps에서 가입할 수 있다. 이렇게 도메인을 사용하여 가입한 경우에는 도메인별로 용량 정책이 정해진다. Google Apps for Business 버전의 경우는 유료이다. 용량과 첨부파일의 크기에 차이가 있다. 각 버전 별 특징을 살펴보고 필요한 버전을 사용하면 될 것이다.

실전 홈페이지
레이아웃

배경 이미지 제작하기

8장까지 이해를 끝낸 독자들은 구글 사이트 도구를 사용하기 위한 중요한 사항들은 이미 습득을 했다고 볼 수 있다. 본장에서는 구글 사이트 도구를 활용하여 실제 비즈니스나 업무에 사용할 수 있는 자연스러운 모양의 홈페이지를 레이아웃을 만드는 연습을 해볼 것이다.

본장의 예에서는 페이지 전체의 배경을 위하여 한 장의 배경 이미지를 사용할 것이다. 구글 사이트 도구를 사용하는 해외의 많은 프로페셔널 사이트들이 사용하는 방법이기도 한다. 배경 이미지의 구성 형태와 크기는 홈페이지의 목적에 따라 다양하겠지만, 본장에서는 임의의 배경이미지를 사용해볼 것이며, 독자들은 이를 바탕으로 다양한 모양과 크기의 배경 이미지를 적용해보면 될 것이다.

먼저 [그림 210]과 같은 한 장의 배경 이미지를 만들어보자. 크기는 가로, 세로 1500 x 900픽셀의 크기이며 jpg, gif, png 등의 일반적인 이미지 파일로 저장하면 된다. 이런 이미지를 만들기 위해서는 포토샵이나 페인트샵과 같은 이미지 프로그램이 필요하나 윈도우 운영체제에 기본적으로 설치되어 있는 그림판을 사용해서도 간단하게 테스트는 가능하다. 이미지 제작 방법은 본서의 외적인 부분이므로 독자여러분에게 맡긴다.

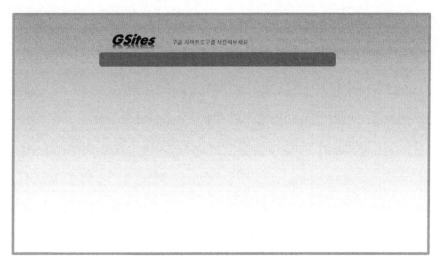

[그림 210] 페이지 배경으로 사용할 이미지

[그림 210]과 같이 꼭 1500 x 900 크기의 이미지만 가능한 것은 아니라는 점은 다시 언급해둔다. 필요에 따라서 얼마든지 변경이 가능하다. 본서의 예와 동일한 실습을 하고자 할 경우 이미지의 크기도 중요하지만 내부 이미지의 위치도 동일하게 해주어야 책의 내용을 테스트해볼 수 있기 때문에 이미지의 내부 규격은 [그림 211]을 참조하도록 한다.

또 하나 중요한 사항은 배경 이미지의 색상은 그라데이션(점점 색이 변하는 효과) 처리를 해 두는 것이 편리하다. [그림 211]에서도 상단은 회색 계열로 시작하여 하단은 완전한 흰색이 되도록 그라데이션 처리를 해주었다. 홈페이지의 각 페이지의 내용의 길이를 미리 알 수가 없는 경우 각 페이지의 새로 길이는 페이지마다 달라지기 때문에, 이런 그라데이션 처리를 해 두면 하

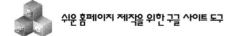

나의 이미지를 여러 페이지의 배경으로 사용하기가 편리해진다. 그라데이션 처리를 해두면 하단의 경계 구분이 없어지므로 편리하다.

홈페이지의 로고도 헤더 영역에 별도의 로고 이미지를 삽입하는 방법도 있지만, 본 예에서와 같이 배경 이미지에 로고까지 삽입을 해 놓으면 배경과 어울리는 정확한 위치에 자연스럽게 로고를 배치할 수 있는 장점이 있다.

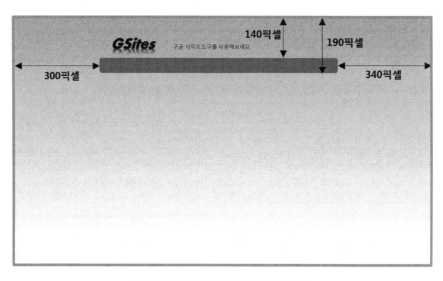

[그림 211] 배경 이미지 내부 규격의 예

테마 선택하기

테마는 페이지의 기본 모양이다. 테마를 선택하기 위하여 먼저 구글 사이트 도구를 사용하여 사이트를 생성해보자. 새로운 사이트를 생성하는 방법은 본서의 앞부분을 참조하면 된다. 단, 사이트 생성 설정 화면에서 앞에서는 언급하지 않았던 '테마' 메뉴로 들어가서 '빈 슬레이트'를 선택해주도록 한다. 만약 테마를 선택하지 않고 이미 사이트를 생성했다면, 사이트 관리 화면의 '테마' 메뉴를 선택하여 변경할 수 있다. 물론 이 이후라도 테마의 변경은 얼마든지 가능하다.

'빈 슬레이트' 테마는 말 그대로 페이지 배경, 메뉴 배경, 헤더 배경, 콘텐츠 영역 배경 등이 모두 빈 투명한 상태로 되어 있다. 빈 슬레이트 테마를 사용할 경우 배경 이미지를 하나로 만들어 적용하기가 편리하다. 또한 기타 테마들의 경우 페이지 배경, 메뉴 배경, 헤더 배경 등의 각 영역에 대해서 배경 색이나 이미지를 지정하거나 '없음'으로 설정할 수가 있지만 콘텐츠 영역의 배경만큼은 '없음'으로 설정할 수가 없다. 즉 콘텐츠 영역의 투명처리가 불가능하게 되므로, 하나의 페이지 배경으로 전체를 꾸밀 수가 없게 된다. 유일하게 빈 슬레이트 테마의 경우만 콘텐츠 영역까지 투명처리가 가능하기 때문에, 본 예에서는 빈 슬레이트 테마를 선택하였다. 이 방법은 구글 사이트 도구를 사용하여 페이지를 디자인하는 많은 유수의 회사들이 사용하는 방법이기도 하다. [그림 212]는 새로운 사이트에 빈 슬레이트 테마를 적용한 결과인데, 현재 상태로는 모든 영역에 배경색이 없기 때문에 좀 허전한 느낌이 들기도 한다.

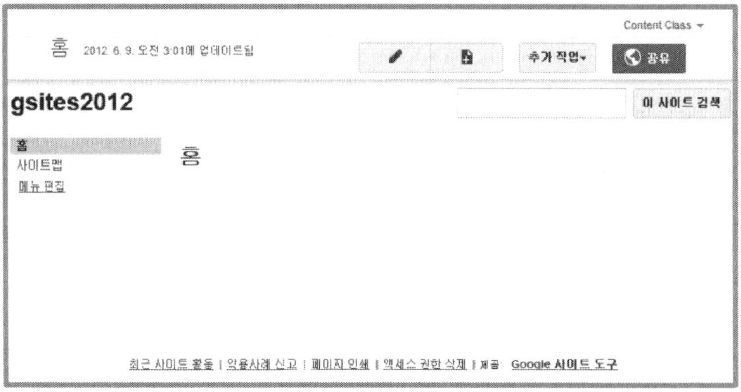

[그림 212] '빈 슬레이트' 테마의 새로운 사이트 생성

가로 방향 탐색 메뉴 구성하기

사이트를 생성할 때 기본적으로 주어지는 메뉴는 세로 형태이다. 이 메뉴 형태는 사용이 편리하다는 장점도 있지만, 회사나 비즈니스 홈페이지들의 경우 페이지의 상단에 가로 형태로 배치하는 것이 일반적이기 때문에 본 예에서도 세로 형 메뉴를 안 보이도록 하고, 화면의 상단에 가로 방향 탐색 메뉴를 사용할 것이다. 메뉴를 만들기 전에 홈페이지의 메뉴를 구성해야 하는데 본 예에서는 다음과 같은 이름들의 메뉴를 구성할 것이다. 본 예에서는 전체적인 페이지 디자인을 위주로 설명하므로 각 페이지 생성시 템플릿에는 크게 신경을 쓰지 말고, 기본적인 '웹 페이지' 템플릿을 선택해주면 된다.

메뉴 명
홈
구글 사이트 도구란
디자인 참조 사이트
자료실
문의하기

구글 사이트 도구에서 각 메뉴 명은 각 페이지 명과 동일하다. 이 다섯 개
의 메뉴를 만들기 위해서는 페이지 다섯 개를 먼저 생성해야 한다. 그리고 사
이트 관리 메뉴의 '사이트 레이아웃' 화면으로 들어가서 기본적으로 만들어
져 있는 세로 방향 메뉴는 선택을 해제하고, 가로 방향 탐색 메뉴를 선택 후
메뉴 페이지 수정 작업을 하여 위 메뉴들이 가로 방향으로 배치되도록 만들
자. 이 메뉴 작업 역시 본서의 앞부분에 설명되어 있으므로 해당 부분을 참조

[그림 213] 가로 방향 탐색 메뉴 완성

하여 가로 방향 탐색 메뉴에 각 페이지들을 추가하도록 한다. [그림 213]은
가로방향 탐색 메뉴가 완성된 결과 화면이다.

 ## 사이트 제목 및 페이지 제목 숨기기

새로운 사이트가 생성된 직후에는 기본적으로 사이트 명이 상단에 나타나
며, 각 페이지마다 페이지 제목이 페이지의 상단에 굵은 글씨로 나타난다. 명
쾌하게 현재 페이지의 위치를 알 수 있는 좋은 정보지만, 페이지 디자인적인
면에서 때로는 이를 숨기는 것이 편리할 때도 있다. 사이트 관리 화면의 '일
반' 메뉴로 가서 사이트 이름 표시 기능을 꺼 놓고, 각 페이지에서 '추가 작업'
메뉴의 '페이지 설정' 메뉴를 통하여 각 페이지의 제목이 나타나지 않도록 설
정하자. 이 결과는 [그림 214]와 같다.

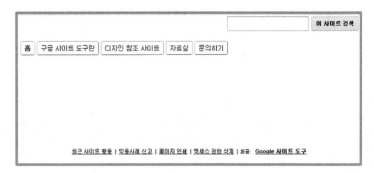

[그림 214] 사이트 제목 및 페이지 제목 제거 결과

배경 이미지와 페이지 레이아웃

이제 앞에서 준비한 배경 이미지를 넣어보자. 배경 이미지를 넣기 위해서는 사이트 관리 화면에서 '색상 및 글꼴' 메뉴를 선택한 후 '페이지 가장자리 배경 이미지'를 선택한 후 배경 이미지를 업로드하면 된다. [그림 215]는 배경 이미지를 업로드한 직후에 나타나는 화면인데, 우측 하단을 보면 배경 이미지의 특성이 반복은 바둑판식으로, 가로 위치는 왼쪽 맞춤으로 설정되어 있는 것을 볼 수 있다. 타일 형 배경이 아닌 전체 이미지 형 배경은 반복해서 나타나지 않도록 해야 하므로, 반복은 '없음'으로, 가로 위치는 '가운데 맞춤'으로 변경해주자.

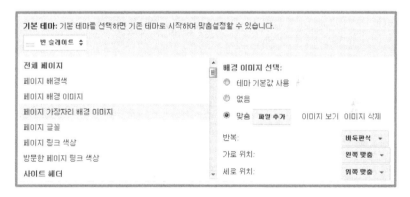

[그림 215] 가장자리 배경 이미지 설정

271

[그림 216]은 배경 이미지 설정을 완료한 후의 결과 화면이다. 아직 우리가 원하는 대로 페이지의 모습이 나타나지 않는다. 배경에 화면에 맞추어 페이지의 형태가 구성되어 있지 않기 때문이다.

[그림 216] 배경 이미지 설정 후의 화면

페이지의 레이아웃을 배경 이미지에 맞추어 주기 위하여 사이트 관리 화면에서 사이트 레이아웃 메뉴를 선택한 후, '사이트 레이아웃 변경' 버튼을 누른다. 이 때 [그림 217]과 같은 화면에서 사이트 너비 800픽셀로 설정하고, 헤더의 높이를 145픽셀로 설정한 후 확인 및 저장을 마친다.

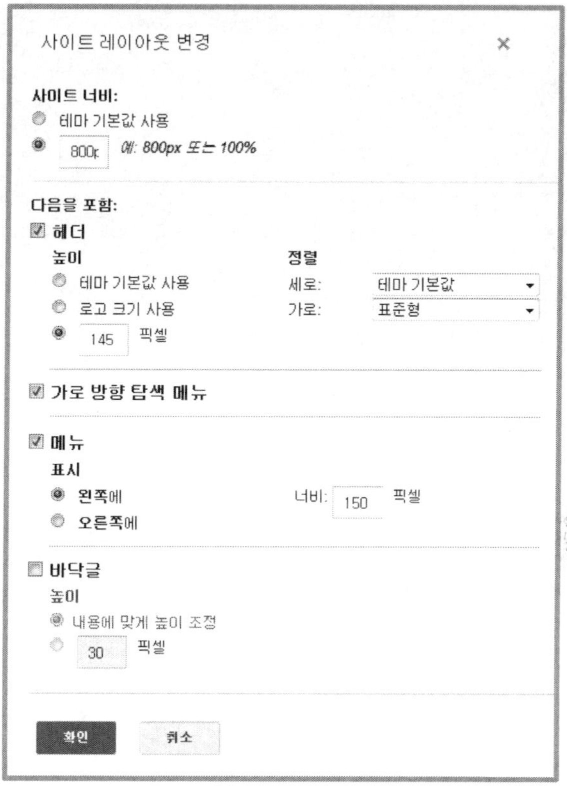

사이트 레이아웃 변경   ×

사이트 너비:
○ 테마 기본값 사용
● [800] 예: 800px 또는 100%

다음을 포함:
☑ **헤더**
　　높이　　　　　　　　　**정렬**
　　○ 테마 기본값 사용　　세로:　[테마 기본값 ▼]
　　○ 로고 크기 사용　　　가로:　[표준형 ▼]
　　● [145] 픽셀

☑ **가로 방향 탐색 메뉴**

☑ **메뉴**
　　표시
　　● 왼쪽에　　　　　　　너비: [150] 픽셀
　　○ 오른쪽에

☐ **바닥글**
　　높이
　　● 내용에 맞게 높이 조정
　　○ [30] 픽셀

[확인]　[취소]

[그림 217] 사이트 레이아웃 조정

[그림 218]은 사이트 레이아웃 조정 후의 화면이다. 사이트의 폭과 헤더 높이 조정을 통하여 가로 방향 탐색 메뉴 부분이 배경 이미지의 원하는 위치로 이동된 것을 볼 수 있다.

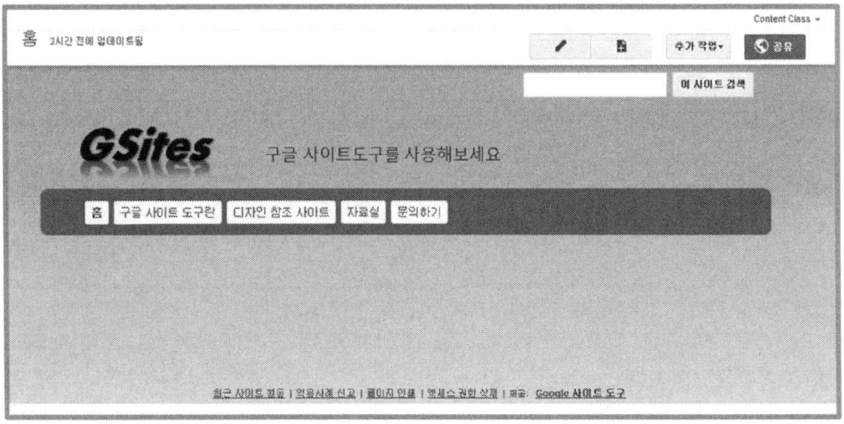

[그림 218] 레이아웃 조정 후의 페이지 모양

메뉴 색상 조정 방법

[그림 218]의 메뉴는 위치와 기능에 있어서 사용에 불편은 없지만, 메뉴 항목들이 배경과 일치되는 느낌이 덜하다. 메뉴를 구성하는 글자색, 메뉴 항목의 배경색 등을 바꾸어 보다 배경 이미지와 어울리는 메뉴 모양을 구성해보자. 이를 위하여 사이트 관리 화면으로 가서 '색상 및 글꼴' 메뉴를 선택한 후 [그림 219]를 참조하여 같이 '가로 방향 탐색' 항목의 각 설정을 변경해줄 필요가 있다.

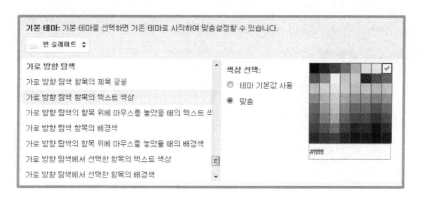

[그림 219] 가로 방향 탐색 메뉴 설정

가로 방향 탐색 항목의 설정 내용을 다음과 같이 변경해보도록 하자.

- **가로 방향 탐색 항목의 텍스트 색상** : 흰색 (클릭하여 색상을 선택함)

- **가로 방향 탐색의 항목 위에 마우스를 놓았을 때의 텍스트 색상** : 빨강

- **가로 방향 탐색 항목의 배경색** : 없음

- **가로 방향 탐색의 항목 위에 마우스를 놓았을 때의 배경색** : 없음

- **가로 방향 탐색에서 선택한 항목의 텍스트 색상** : 흰색

- **가로 방향 탐색에서 선택한 항목의 배경색** : 흰색

위와 같이 설정하면 가로 방향 탐색 메뉴 항목들의 텍스트 색상은 변경되지만, 아직 메뉴의 각 항목을 두르고 있는 상자 모양은 남아있다. 이 상자 모양을 없애기 위하여 사이트 관리 화면에서 사이트 레이아웃 메뉴를 선택한

다. 다시 우측 화면에서 '가로방향 탐색 메뉴 콘텐츠 수정'을 클릭하여 가로
방향 탐색 메뉴 수정화면으로 이동한 후, 하단의 스타일 항목 부분을 현재의
'상자'에서 '링크'로 변경해준다. 이제 확인 버튼을 누른 후 설정을 저장하고
돌아와 보면 [그림 220]과 같이 가로 방향 탐색 메뉴의 모양이 변한 것을 볼 수
있다. 이 변경된 메뉴에서는 메뉴 항목을 둘러쌓고 있는 상자가 없어졌으며,
메뉴 텍스트의 기본 색상은 흰색으로 변해있다. 메뉴 항목 위로 마우스를 이
동하면 텍스트의 색상은 빨갛게 변하며, 밑줄도 함께 나타난다. 이 과정을 참
조하면 배경 이미지와 메뉴의 색상구성을 자신이 원하는 형태로 변경할 수
있을 것이다.

[그림 220] 가로 방향 탐색 메뉴 조정 결과

표를 활용한 페이지 콘텐츠 레이아웃

표는 원래 자료를 정리하여 보여주기 위한 목적으로 사용되기 시작했지만, 오늘날 홈페이지 디자인 과정에서는 디자인 배치용으로 더 많이 활용되고 있다. 구글 사이트 도구에서도 표를 이용하면 더 세밀한 페이지 디자인을 구현할 수 있다. '홈' 페이지에서 편집모드로 들어가서 2행 4열 크기의 표를 삽입해보자. [그림 221]은 이 표가 삽입된 직후의 모습이다.

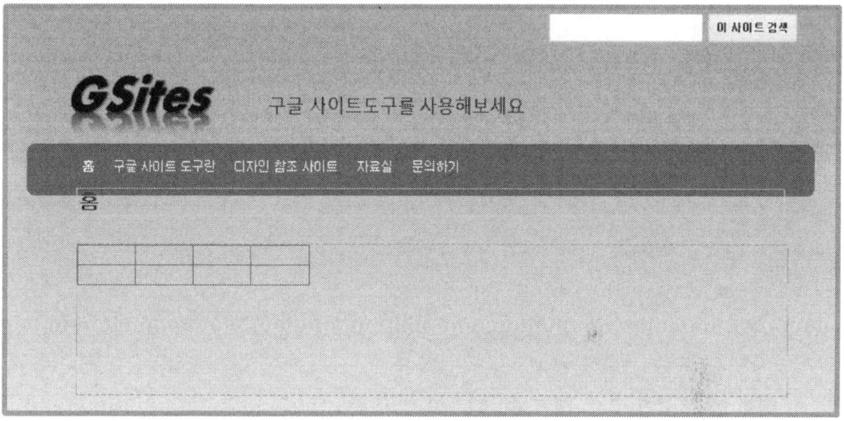

[그림 221] 2행 4열 표 삽입

[그림 221]의 표의 테두리를 드래그하여 표의 크기를 조정하고 두 번째 행, 두 번째 열의 칸에 자신이 원하는 이미지를 삽입하여 [그림 222]와 같은 모양을 만들어보자. 조금씩 메인 화면의 모습을 갖추어 나가고 있는 것을 볼 수 있

다. 우측 영역에는 텍스트를 입력할 것인데, 텍스트 간 그리고 이미지 간의 간격들은 표의 열이나 행을 하나씩 사이에 추가하여 조정해줄 수 있다. [그림 222]에는 표의 테두리가 선명하게 나타나 있는데, 이는 표의 설정을 통해 최종적으로는 보이지 않도록 처리할 것이다. 표의 셀들을 더 많이 만들어서 더 복잡한 레이아웃을 만들 수도 있다. 특히 HTML에 대한 지식이 조금이라도 있는 경우에는 HTML 편집기를 열어서 표의 일부 셀들을 합치거나 나누어서 레이아웃의 디테일을 높일 수도 있을 것이다.

[그림 222] 표를 활용한 레이아웃 조정

우측의 빈 표 영역에 [그림 223]을 참조하여 원하는 텍스트를 입력해보자. 이 곳에 텍스트를 입력할 때 텍스트 폰트는 구글 사이트 도구의 기본 설정대

278

로 입력된다. 대부분의 우리나라 홈페이지들에서는 기본 폰트보다는 스타일

을 적용하여 폰트의 모양을 업그레이드하여 사용하곤 한다.

[그림 223] 텍스트 추가 결과

페이지 편집 모드에서 html 편집 창을 열면 현재 페이지 전체에 대한 html

코드가 [그림 224]와 같이 나타난다. 이 html 코드를 분석할 필요는 전혀 없

다. 이 코드의 내용을 보지 말고 가장 앞에 다음과 같이 입력하여 페이지 전체

에 글자 스타일이 지정되도록 해준다. 다음 코드는 엔터를 치지 말고 한 줄에

모두 써준다. 이 코드의 내용은 줄 간격은 18픽셀, 글자체는 돋움, 글자 색은

RGB(68, 68, 68), 폰트 크기는 12픽셀로 설정하는 예이다.

```
<span style="LINE-HEIGHT:18px;FONT-FAMILY:dotum,sans-serif;COLOR:rgb
(68,68,68);FONT-SIZE:12px">
```

위 입력이 끝나면 다시 html 편집창의 가장 마지막으로 가서 다음과 같이 입력해준다.

```
</span>
```

이제 페이지를 저장하면 [그림 225]와 같이 텍스트의 모양과 색상이 변경된 것을 확인할 수 있다.

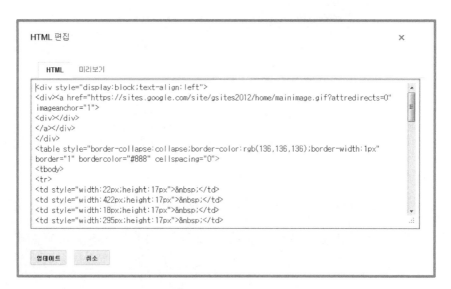

[그림 224] HTML 코드

[그림 225] 스타일이 적용된 텍스트

표의 선 제거

페이지의 레이아웃을 잡아갈 때는 표의 선이 보이는 상태로 작업을 하는

것이 편리하다. 레이아웃 작업이 모두 완료된 후에는 표의 선을 제거해주면

의도한 페이지 디자인 결과만 남을 것이다. 표의 선을 제거하기 위해서는 페

이지 편집 창에서 'HTML' 버튼을 눌러서 HTML코드 중 숫자 하나만 변경해

주면 된다. 매우 간단한 작업이므로 초보자들도 걱정할 필요는 없다. HTML

편집 창을 열어서 HTML 코드를 자세히 보면 다음과 같이 '〈table'로 시작하

는 부분이 나온다. 코드의 양이 많아서 직접 찾기가 어려울 경우에는 '콘트롤

281

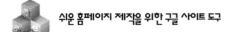

-f' 키등을 사용하여 검색해보면 바로 이 위치를 찾을 수 있다. '〈table'로 시작
되는 부분을 자세히 보면 다음과 같이 border="1"이라는 부분이 보인다.
border 즉 테두리를 보이도록 설정한 것인데 이 부분을 border="0"으로 변경
해주면 표의 선은 사라지게 된다. [그림 226]은 이 방법을 적용하여 페이지의
선이 모두 사라진 상태를 보여준다. (혹은 border-width:0px로 설정해도 됨)

```
<table style="border-collapse:collapse;border-color:rgb
(136,136,136);border-width:1px" border="1" bordercolor="#888"
cellspacing="0">
```

[그림 226] 표의 선이 제거된 결과

파비콘(홈페이지 아이콘) 넣기

요즘 홈페이지에는 브라우저에 표시되는 아이콘 이미지를 가진다. 이를 파비콘이라 부르는데, 구글 사이트 도구에서도 파비콘을 사용하는 방법을 알아보자. [그림 227]은 현재 진행 중인 홈페이지가 나타난 브라우저의 탭 부분이다. 탭에는 홈페이지의 이름이 표시되며, 그 이름의 좌측에는 홈페이지를 상징하는 파비콘이 나타난다. 하지만 현재 지정한 파비콘이 없기 때문에 빈 사각형 모양만 나타나 있다.

[그림 227] 파비콘이 없는 홈페이지

파비콘을 넣기 위해서는 16 x 16 픽셀 크기의 이미지를 만든 후 이를 ico 파일로 변환 후 구글 사이트 도구의 첨부파일 영역에 업로드하는 것으로 모든 작업이 완료된다. 즉 favicon.ico 파일이 필요하다. 이를 위하여 먼저 16 x 16 픽셀 크기의 이미지를 만들어서 jpg, gif, png 등의 이미지 파일로 저장을 하

자. 만약 이미지 안에 투명한 부분까지 포함하고자 한다면 포토샵과 같은 이미지 처리 소프트웨어를 사용하여 png 파일로 저장한다. jpg나 gif 등의 파일은 윈도우 운영체제에 포함된 그림판 프로그램을 사용하여 간단하게 만들 수 있다. 본서에서는 [그림 228]과 같이 favicon.gif라는 이미지 파일을 먼저 만들었다.

[그림 228] 파비콘 이미지

일반적인 이미지 파일을 ico 파일로 변환하기 위해서는 변환 프로그램을 사용하거나 인터넷 상의 무료 서비스를 사용하면 된다. 무료 프로그램으로는 IrfanView라는 것이 있는데 완전한 프리웨어이므로 검색 사이트를 통하여 각종 자료실 등에서 쉽게 구할 수 있다. IrfanView를 설치한 후 IrfanVIew에서 favicon.gif를 불러온 후 'Save As' 메뉴를 통하여 favicon.ico 파일로 저장하면 파일 생성은 완료된다.

한편, 인터넷 검색 엔진에서 'convert to ico'라고 검색어를 입력하면 웹 브라우저 상에서 이미지 파일을 ico 파일로 변환해주는 무료 서비스가 많이 나오니, 이들 서비스를 사용해도 동일한 결과를 얻을 수 있다.

favicon.ico 파일을 만든 후에는 다시 구글 사이트 도구로 돌아가서 사이트 관리 화면에서 좌측 메뉴 중 '첨부파일' 메뉴를 선택하도록 한다. 첨부 파일 화면에서 '업로드' 버튼을 사용해서 favicon.ico 파일을 첨부파일 영역에 업로드 한 후 웹브라우저에서 자신의 사이트를 불러오도록 해본다. [그림 229]에서 볼 수 있듯이 홈페이지의 파비콘이 표시된 것을 볼 수 있다.

[그림 229] 파비콘이 들어간 홈페이지

바닥글 넣기

바닥글이란 웹 페이지마다 하단에 나타나는 글이나 이미지 등을 말한다. 흔히 기관의 이름이나 저작권 정보가 페이지 하단에 표시되곤 한다. 이 바닥글 메시지를 모든 페이지마다 직접 작성한다면 힘이 들 뿐만 아니라, 수정을 해야 할 경우 모든 페이지에 다시 수정 작업을 해주어야 하는 문제가 발생한다. 구글 사이트 도구의 바닥글 기능을 사용한다면 한 번의 입력 작업으로 해결할 수 있으며, 향후 수정 내용이 발생할 때도 손쉽게 처리할 수 있다.

현재 홈페이지의 하단에 바닥글을 넣어보자. 사이트 관리 화면에서 '사이트 레이아웃' 메뉴 선택 후 다시 '사이트 레이아웃 변경' 버튼을 눌러보자. 이때 나타난 화면의 하단을 보면 [그림 230]에서와 같이 바닥글 항목을 선택할 수 있다. 반드시 이 항목이 선택되어 있어야만 바닥글 입력 메뉴를 볼 수 있다. 이 항목을 선택한 후 확인 버튼을 누르고 화면에서 나가면, 아직 '사이트 레이아웃' 화면에 머물러 있을 것이다.

[그림 230] 바닥글 항목 선택

화면을 스크롤 하여 아래까지 내려가면 [그림 231]에서와 같이 '바닥글 내

용 수정'이라는 메뉴를 볼 수 있다. 이 메뉴를 클릭해보자.

바닥글

높이: 내용에 맞게 조정 - 변경 | 바닥글 내용 수정

시스템 바닥글

시스템 바닥글 링크 맞춤설정

[그림 231] 바닥글 내용 변경 메뉴

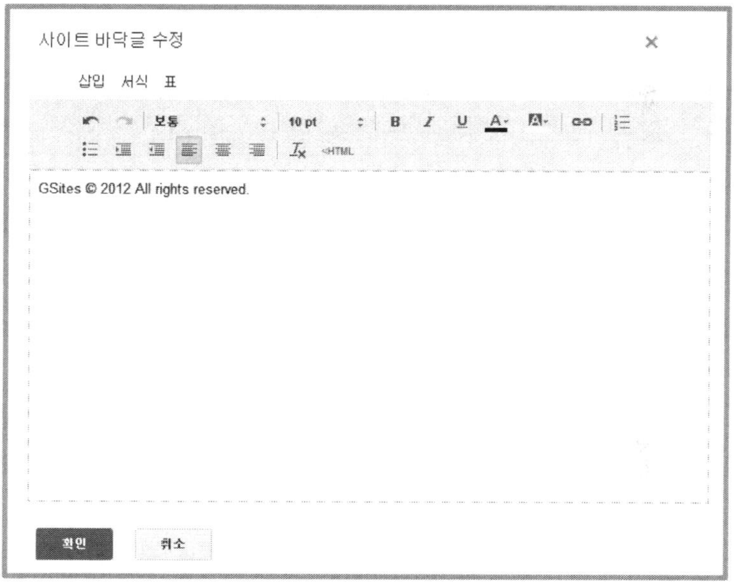

사이트 바닥글 수정 ✕

삽입 서식 표

보통 | 10 pt | B I U A· A· GD |

Iₓ ◇HTML

GSites © 2012 All rights reserved.

확인 취소

[그림 232] 바닥글 수정용 편집기

287

[그림 232]는 바닥글을 입력하기 위한 편집기이다. 이 편집기는 앞에서 살펴본 콘텐츠용 편집기와 입력 방법은 동일하다. 텍스트는 물론 이미지도 넣을 수 있다. [그림 232]를 참조하여 여러분도 바닥글을 입력해보자. 참고적으로 ©와 같은 특수문자는 HTML 편집기를 열고 © 라고 입력을 하면 된다. 바닥글 입력이 끝나면 확인 버튼을 누르고 나온 후 다시 변경 사항을 저장해보자. [그림 233]과 같이 바닥글이 입력된 결과를 확인할 수 있다.

[그림 233] 완성된 바닥글

🔗 다른 사람과 공동 작업하기

개인이나 소규모 기관의 경우 홈페이지 제작과 관리는 개인에 의해서 이루어질 수 있다. 하지만 기관이 커지거나 홈페이지의 규모가 복잡해지는 경우에는 여러 사람이 협업을 하여 홈페이지를 관리할 일이 발생한다. 이런 경우 다른 사람들에게도 홈페이지를 수정할 수 있는 권한을 주면 각각의 아이디로 로그인을 하여 홈페이지와 관련된 작업을 서로 병행할 수 있다. 이를 위해서는 사이트 관리 화면에서 '공유 및 권한' 메뉴를 선택하면 나타나는 화면의 하단 부분에서 [그림 234]와 같이 상대방의 아이디와 권한을 입력 후 '공유 및 저장' 버튼을 누르면 된다. 참고적으로 [그림 238]에서는 권한을 '수정 가능'으로 설정하였다. 이 권한을 '소유자'로 하는 경우 원래의 소유자와 동일한 권한을 가지게 된다.

[그림 234] 협업을 위한 친구 추가

한 단계 업그레이드를 위한 방법들

본서에서 지금까지 설명된 내용을 충분히 이해했다면 구글 사이트 도구를 활용하기 위한 대부분의 기능을 습득했다고 할 수 있다. 한편 해외에서는 구글 사이트 도구를 사용하여 전문적으로 홈페이지를 제작해주는 회사들도 생겨나고 있고, 구글 사이트 도구를 활용한 고난도의 테크닉들을 소개하는 홈페이지들도 등장하고 있다. 이렇게 구글 사이트 도구와 관련된 다양한 테크닉들이 발전하면서 디자인이나 기능도 매우 높은 수준으로 향상되고 있다.

본서에서 이 모든 응용사례를 다루기에는 지면의 제한도 문제가 되겠지만, 본서의 주 대상이 홈페이지 제작 경험이 없는 일반인들이기 때문에 난이도가 높은 테크닉 위주의 설명은 적합하지 않은 면이 있다. 구글 사이트 도구에 기반한 홈페이지의 제작 기술을 업그레이드하기 위한 가장 좋은 방법은 다른 사람들이 만들어 놓은 다양한 템플릿을 적용해보고, 그 템플릿에서 사용된 기법들을 따라서 해보는 것이다. 다행히 너무도 다양한 템플릿들이 이미 공개되어 있다. 본장에서 설명된 디자인 테크닉도 그 중 하나라고 할 수 있다.

하나의 템플릿을 적용한 후에 그 템플릿에 사용된 배경 처리 기법, 레이아웃 구성, 로고 이미지 사용 방법, 메뉴의 모양 설정 방법 등을 하나하나 살펴보면 자신만의 제작 기법을 얻을 수 있을 것이다. 흑과 백의 바둑알로 무궁한 수가 나오듯이, 구글 사이트 도구의 기본 기능만으로도 기발하고 재미있는 홈페이지들이 많이 제작되어 있는 것을 볼 수 있다. 간단한 예로서 배경 등 각 구성 요소의 색을 지정할 때도 지금까지는 색상 표의 클릭을 통해 색을 선택했지만, 색상 표 아래의 란에 RGB를 구성하는 숫자를 입력하여 미세한 색 조정을 할 수 있다. 이 부분 역시 16진수에 대한 어려운 설명을 피하기 위하여 색상 표만 사용했지만, 여러 템플릿들을 살펴보다 보면 자연스럽게 알 수 있는 색 지정 방법이다.

구글 앱스와의 결합에 있어서도 단순한 데이터 삽입 기능을 넘어, 구글 문서도구와 가젯을 응용하여 이미지 슬라이드 쇼를 구현하는 등 실용적인 테크닉들이 많이 공개되어 있다. 많은 예제를 검색해보고 자신에 적합한 테크닉들을 구축해 놓는다면 홈페이지 제작은 가벼운 워드 작업 정도로 느껴지게 될 것이다.

INDEX

저자
약력 **유채곤**

충남대 전산학과(학사), South Dakota 주립대 Computer Science(석사), 충남대 컴퓨터과학과(박사)를 졸업하고, 현재 대덕대학교 컴퓨터인터넷학과 교수로 재직하고 있다. 〈게임물리바이블〉, 〈DirectX 기초 프로그래밍〉, 〈구글 사이트 도구로 홈페이지 뚝딱 만들기〉 외 다수의 컴퓨터 관련 저서 및 역서를 출간하였다. 또한 언어 분야에서도 〈60단어만 알면 술술 풀리는 신기한 영문법〉, 〈영어 리스닝 이렇게 쉬워도 돼?〉 등의 저서를 통하여 영어 교육 실용화에 기여하고 있다.

e-mail: welcome2books@gmail.com

쉬운 홈페이지 제작을 위한 **구글 사이트 도구**

초판 1쇄 인쇄   2012년 08월 25일
초판 1쇄 발행   2012년 09월 05일
저　　　자 유채곤
발 행 인 이범만
발 행 처 **21세기사** (제406-00015호)
　　　　　경기도 파주시 산남동 283-10 (413-130)
　　　　　Tel. 031-942-7861　　　Fax. 031-942-7864
　　　　　E-mail : 21cbook@naver.com
　　　　　Home-page : www.21cbook.co.kr
　　　　　ISBN 978-89-8468-444-7

정가 15,000원